Crie de MANHÃ Administre à Tarde

Copyright © 2023 por Mauricio de Sousa, Renata Sturm, Guther Faggion

Todos os direitos desta publicação reservados à Maquinaria Sankto Editora e Distribuidora LTDA. Este livro segue o Novo Acordo Ortográfico de 1990.

É vedada a reprodução total ou parcial desta obra sem a prévia autorização, salvo como referência de pesquisa ou citação acompanhada da respectiva indicação. A violação dos direitos autorais é crime estabelecido na Lei n.9.610/98 e punido pelo artigo 194 do Código Penal.

Este texto é de responsabilidade dos autores e não reflete necessariamente a opinião da Maquinaria Sankto Editora e Distribuidora LTDA.

maquinaria
EDITORIAL

www.mqnr.com.br
R. Pedro de Toledo, 129 - Sala 104
Vila Clementino - São Paulo - SP
CEP: 04039-030

DIRETOR EXECUTIVO
Guther Faggion

EDITORA EXECUTIVA
Renata Sturm

DIRETOR COMERCIAL
Nilson Roberto da Silva

EDITORIAL
Pedro Aranha, Luana Sena

REDAÇÃO
Vanessa Nagayoshi

PREPARAÇÃO
Gabriela Castro

REVISÃO
Eliana Moura Mattos

MARKETING E COMUNICAÇÃO
Matheus Torres, Rafaela Blanco

FOTO DE CAPA
Lucas Lima/UOL/Folhapress

DIREÇÃO DE ARTE
Rafael Bersi, Matheus da Costa

DADOS INTERNACIONAIS DE CATALOGAÇÃO NA PUBLICAÇÃO (CIP)
Angélica Ilacqua – CRB-8/7057

SOUSA, Mauricio de
  Crie de manhã, administre à tarde : os segredos empresariais por trás do gênio / Mauricio de Sousa.
  São Paulo: Maquinaria Sankto Editora e Distribuidora LTDA, 2023.
  256 p.

  ISBN 978-85-94484-11-6

  1. Desenvolvimento profissional 2. Empreendedorismo 3. Negócios 4. Criatividade 5. Liderança
    I. Título
23-5175   CDD 658.3

ÍNDICES PARA CATÁLOGO SISTEMÁTICO:
1. Desenvolvimento profissional

MAURICIO DE SOUSA

com RENATA STURM e GUTHER FAGGION

Crie de manhã Administre à tarde

OS SEGREDOS EMPRESARIAIS POR TRÁS DO GÊNIO

mqnr

SUMÁRIO

10
Prefácio
João Branco

14
Nota do autor
Renata Sturm

18
Um Mauricio, dois Mauricios...
Guther Faggion

O VAL

22
da criatividade
E a habilidade de aprender com os erros

34
do otimismo
E a fé em dias melhores

42
da persistência
E a visão de longo prazo

58
do trabalho
E a construção de um legado

80
da felicidade
E o encontro com uma vida plena

94
da gestão
Sem perder a intuição

128
do sucesso
E do fracasso

152
da equipe
E o bem de muitos

176
do dinheiro
E a verdadeira riqueza

192
da sorte
E a lenda da
criança empelicada

204
do sonho
E a importância de
acreditar em si mesmo

218
da família
E a semente para o futuro

242
Conclusões
nada
precipitadas

251
Sobre os
autores

252
Mauricio
de Sousa
em números

"Para o meu pai, que me deu o melhor conselho."
MAURICIO DE SOUSA

"Para Dona Linda, que, como muitos brasileiros, aprendeu a ler com a ajuda de gibis."
RENATA STURM

"Para minhas filhas, meus amores, que fazem tudo ter sentido na minha vida."
GUTHER FAGGION

Prefácio

"MUITO ALÉM DOS GIBIS"

PREFÁCIO

Mauricio de Sousa já me fez sorrir muitas vezes. Quando criança, eu adorava ler as histórias dos planos infalíveis do Cebolinha e do "bom apetite" da Magali. Como pai, já fui com os meus pequenos ao Parque da Mônica e aos shows. Tive a chance de visitar o escritório da Mauricio de Sousa Produções algumas vezes, quando liderava o Marketing do McDonald's, para fecharmos acordos que levariam livros ilustrados a milhões de famílias. Foi um tipo de reunião totalmente diferente... Era como entrar nos bastidores de um mundo encantado. Sem dúvidas, é possível afirmar que a MSP é uma empresa única – e foi criada e administrada por um dos maiores artistas da história do Brasil.

Mas o Mauricio também já me fez chorar. Certa vez, participei de um megaevento do Google sobre tecnologia e tendências. Em meio a apresentações impressionantes, pude ver um homem de cabelos grisalhos subindo ao palco. Usando equipamentos ultramodernos, começou a fazer uma arte virtual. Os óculos 3D e os "pincéis" eletrônicos pouco a pouco revelavam um holograma imenso para uma plateia de milhares de pessoas: o dinossaurinho Horácio estava sendo desenhado, ao vivo, pelo seu próprio criador. Era outubro de 2016 e Mauricio tinha 80 anos de idade. A sua participação, junto à filha Mônica, também celebrava os excepcionais números que os conteúdos da Turma atingiam nas redes, provando a sincronia do negócio com os novos tempos.

Enquanto ele desenhava, meu coração apertou e comecei a me perguntar: como estarei quando tiver essa idade? Chegarei a oito décadas de vida e, ao olhar para trás, verei milhões de pessoas impactadas pelo que fiz? Serei referência como uma pessoa que se adaptou às mudanças? A admiração pela homenagem que ele estava recebendo me emocionou.

Ali, o Mauricio artista mesclava-se ao Mauricio empresário. Era o quadrinista da Turma da Mônica – mas, além disso, um empresário que conseguiu criar algo grandioso, que impactou a vida de milhões de pessoas. Além dessa palestra, nunca tive muito contato com o lado administrativo e empreendedor do Mauricio – e este livro vem para suprir essa perspectiva que temos sobre sua pessoa, suas crises, obstáculos, inovações e conquistas.

Nas páginas de *Crie de manhã, administre à tarde*, confirmei o que já suspeitava: de cada três brasileiros, dois dizem que o trabalho de Mauricio de Sousa ajudou seus filhos a aprender a ler. O livro apresenta diversas pesquisas, dados e impactos da Mauricio de Sousa Produções na sociedade – além de mostrar os caminhos de uma empresa que se manteve influente e com números expressivos durante décadas, abarcando cada vez mais público (inclusive internacional) e criando laços fortes com seus produtos.

Isso é incrível!

Você consegue imaginar o que é ter o fruto do trabalho das suas mãos, mente e coração causando esse impacto? Pode tentar visualizar um cenário em que o produto que você fabrica é consumido mais de 1 bilhão de vezes? E, além de sustentar todos esses números, ser capaz de manter uma empresa familiar e com valores muito bem-definidos – inovação, conteúdo, responsabilidade, respeito e criatividade.

Alguém pode tentar explicar o sucesso da Turma da Mônica falando sobre as suas estratégias de distribuição, os arquétipos de comunicação, as cores ou até a nostalgia. Mas deixo aqui registrada a minha opinião: Mauricio de Sousa nunca vendeu gibis. As revistas nunca foram apenas papel com desenhos impressos. O que ele oferece são minutos de entretenimento, educação, diversão e companhia que deixam a vida da minha família mais feliz.

PREFÁCIO

Todos temos a oportunidade de fazer a diferença na vida do outro por meio dos nossos dons, profissões e carreiras. Você está aproveitando essa chance? Mauricio de Sousa aproveitou a dele. Quanto vale poder deixar um legado desses? Como você verá adiante, ele aposta que vale mais que 2 bilhões de dólares.

Eu e o meu amigo Cebolinha desejamos a você: boa *leitula*!

JOÃO BRANCO | @FALAJOAOBRANCO
Professor, conselheiro e ex-vice-presidente
de Marketing do McDonald's

Nota do Autor

NOTA DO AUTOR

Tudo começou quando tive a incrível oportunidade de visitar o estúdio da Mauricio de Sousa Produções (MSP) pela primeira vez. Na época, eu estava trabalhando como editora no livro *Como cuidar do seu dinheiro*, uma parceria entre Mauricio de Sousa e Thiago Nigro, fundador do canal *Primo Rico*. Anteriormente, eu já havia tido a honra de encontrar Mauricio na Bienal do Livro, um momento que teve um impacto profundo em mim. Explico: na infância, tive dificuldades de alfabetização, e os gibis da Turma da Mônica foram essenciais para minha formação como leitora. Portanto, poder encontrá-lo, já adulta, naquele evento significava poder expressar pessoalmente como seu legado foi fundamental para minha trajetória como editora.

Voltando para a minha visita ao estúdio. Naquela ocasião, pude enxergar a dimensão do trabalho da MSP. Primeiramente, testemunhar aquele lugar como um verdadeiro celeiro de criação foi algo que mexeu profundamente comigo, considerando minha ligação com o mercado cultural. Além disso, fiquei impressionada com a diversidade de gerações que coexistiam ali: havia pessoas que trabalhavam no estúdio há mais de 50 anos, ainda desenhando à moda antiga, no papel, ao mesmo tempo que os jovens talentosos utilizavam tablets.

Ver o Mauricio em ação, junto aos seus filhos, que também são de épocas diferentes, trabalhando em harmonia, me impressionou. A MSP era uma empresa familiar! Sabendo que a maioria das empresas no Brasil tem essa mesma base, comecei a refletir sobre como uma empresa de tanto sucesso poderia contribuir com outras. Imaginei o compartilhamento de experiências, aprendizados, desafios enfrentados e superados. Naquele momento, acreditei firmemente que a MSP tinha muito a ensinar.

Com frequência, ouvimos falar sobre empresas e empresários internacionais, mas temos dificuldade em enaltecer os valores e as virtudes dos empresários brasileiros. Como se eles precisassem ser perfeitos para ser considerados exemplos. No entanto, ser um modelo não requer perfeição, mas um propósito e a construção de algo sólido do qual se orgulhar. E isso é algo que vejo claramente no trabalho que Mauricio construiu ao longo dos anos.

Saí daquela reunião extremamente empolgada e logo encontrei um amigo, o influenciador Marc Tawil, com quem compartilhei entusiasticamente minha experiência. Para minha surpresa, Marc disse: "Renata, isso poderia ser um livro, não é?". Ali mesmo, sentados em um café, começamos a conversar e a moldar a estrutura. Eu desejava que esse livro se tornasse um marco para uma das maiores e mais queridas empresas do Brasil e que destacasse a crença individual de Mauricio de Sousa e os valores que transformaram a MSP naquilo que é hoje.

Logo em seguida, apresentei a proposta à MSP e cruzei os dedos para que a resposta fosse "sim". Na verdade (que fique entre nós, caro leitor), eu tinha um motivo suspeito para querer desvendar os segredos da MSP: meu marido, Guther, e eu temos uma empresa familiar de criação e acreditamos na importância de deixar um legado. Nossa busca por esses segredos era movida por um interesse pessoal em descobrir quais valores tornaram a MSP e o trabalho de Mauricio tão sólidos e duradouros (e parece que esse plano infalível deu mais certo que os do Cebolinha).

Desde sempre fui cativada por essa habilidade incomparável de contar histórias que encantam e inspiram gerações. Para mim, o passado é como um imenso livro esperando para ser desvendado, e tanto o meu trabalho quanto o do Mauricio consiste em editar essa grande narrativa. Depois de folhear as páginas dessa história em constante evolução, quero convidar você, leitor, a mergulhar nas profundezas do mundo de Mauricio, compreendendo sua forma singular de conduzir a empresa e seus valores por meio de suas histórias. Afinal, cada narrativa criada por ele carrega um valor inestimável, uma lição a ser aprendida.

RENATA STURM

Um Mauricio, dois Mauricios...

Quando fazemos uma pesquisa unindo a palavra "negócios" com Mauricio de Sousa, não há muito conteúdo disponível. Existem alguns números e uma porção de falas que especulam, se repetem diversas vezes, mas não revelam o lado de um Mauricio pouco conhecido: o empreendedor.

Esse Mauricio por trás do Mauricio certamente é uma das facetas menos conhecidas de um homem que se tornou parte do imaginário brasileiro por quatro gerações. Em homenagens e biografias, o Mauricio artista é citado à exaustão. Seu idealismo é ovacionado por quem passa. Seu espírito emociona multidões. Seus personagens, sempre referenciados como seus "filhos", ganham a cena. E, seja você quem for, é impossível não embarcar nesse universo fantástico.

De fato, é difícil para as pessoas que amam o Mauricio artista – afinal, quase todos os brasileiros reconhecem seus personagens – imaginá-lo na sala de espera de um banco, aguardando um gerente que vai liberar um empréstimo para salvar a empresa. Mas isso é uma coisa que ninguém, nem o próprio Mauricio, nem seus filhos que administram um negócio de grande sucesso, precisam nos contar. Se você é brasileiro, acredita em um sonho e decidiu empreender, sabe que essa cena faz parte da realidade de qualquer empreendedor.

"Você pode desistir de seus sonhos, mas seus sonhos nunca desistem de você" – esta é uma típica frase que Mauricio, um otimista incorrigível, costuma dizer por aí. Nem toda pessoa que decide montar um negócio precisa necessariamente ter essa personalidade otimista, mas é preciso colocar esse tipo de fé em prática. Acreditar faz parte da essência desse Mauricio escondido. Diante do desastre de algum produto que não deu certo, ele falará algo como "Ninguém consegue na primeira vez".

Hoje, quando pensamos no aspecto do negócio da Mauricio de Sousa Produções, tudo é muito reduzido a números. Alguns repórteres se aventuraram a perguntar "Qual o segredo do sucesso?", e Mauricio ofereceu diversas respostas – todas verdadeiras.

Mas, para chegar perto desse cânone, que é a história de sucesso dos dois Mauricios, é necessário dissecar a personalidade de um homem que abriga em si uma quantidade expressiva de personagens que frequentam as páginas dos gibis. Poucos negócios conseguem ser tão longevos e ainda deixam um legado suficientemente grande a se perpetuar por diversas gerações – em especial no Brasil, um país jovem e, ao mesmo tempo, atrasado no desenvolvimento econômico.

A MSP sobreviveu a três constituições, dezenas de planos econômicos, sete mudanças de moeda, uma ditadura, 21 presidentes e uma infinidade de instabilidades políticas. Mais que sobreviver, expandiu e se consolidou entre os líderes mundiais do mercado de produção de quadrinhos, sendo um dos maiores estúdios em atividade no planeta. E ainda deixa uma nova geração preparada para dar continuidade ao seu legado, sempre com ideias muito simples, que uma a uma se tornaram capítulos deste livro.

Imagine, lá nos idos anos 1960, o Mauricio "desenhando" seu plano de negócios.

VISÃO: ser conhecido por 9 em cada 10 brasileiros.

MISSÃO: consolidar um *market share* (ou como ele escreveria: *márquêti chér*) de 80% dos leitores de quadrinhos no Brasil.

META: vender 1,2 bilhão de gibis.

CONCORRENTES: Disney, Marvel, DC, entre outros.

PÚBLICO-ALVO: crianças de todas as idades, de zero a noventa anos.

Brincadeiras à parte (embora esses sejam os números reais da MSP em 2023), se uma pessoa ousasse expressar suas expectativas dessa maneira em um plano de negócios no *Shark Tank* (ou Chárqui Tênqui), logo seria alvo do escrutínio dos tubarões.

Esses Mauricios que se misturam – o criativo e o empreendedor – em uma personalidade tímida e, ao mesmo tempo, carismática formam o espírito que determina e permeia toda a filosofia de negócios do Mauricio de Sousa. Um depende do outro, como gêmeos siameses indivisíveis. Se a parte criativa é admirada em todo o Brasil e em dezenas de outros países mundo afora, objeto de inúmeras teses acadêmicas, destinatário de incontáveis prêmios e reconhecimento, alvo do amor de uma infinidade de adultos que cresceram lendo suas histórias; a parte empreendedora, muitas vezes silenciosa e discreta, foi a responsável por sustentar um sonho que se tornou mil vezes realizado.

GUTHER FAGGION

CAPÍTULO 1

O Valor da Criatividade

E A HABILIDADE DE APRENDER COM OS ERROS

Em uma era de iconoclastas à solta, a cada dia é mais raro estar na presença de um ícone. Mauricio de Sousa é um *rockstar* no mundo dos quadrinhos e seu nome vigora entre os mais renomados e lendários de todas as gerações, como Stan Lee, Will Eisner, Osamu Tezuka, Charles M. Schulz e, claro, Walt Disney. O nome de Mauricio ocupa um lugar de destaque na lista dos grandes mestres dos quadrinhos, e sua criatividade desenfreada e visão inovadora levaram-no para o panteão dos quadrinistas mais influentes e adorados de todos os tempos. Ainda assim, em aproximadamente seis horas de interação pessoal e exclusiva, eu[1] senti que estava na sala de um colega. Foram várias entrevistas presenciais com o Mauricio – nada de *Zoom*, troca de e-mails ou scripts predefinidos. Eu queria estar na presença dele. Respirar o mesmo ar, cumprimentá-lo com um aperto de mãos e rir juntos de uma piada improvisada qualquer, sem impor limites à criatividade. Visando tornar tudo isso real para os leitores, essa experiência deveria ser real para mim. Mauricio compartilha uma visão de mundo que se origina primeiro no âmbito da *criatividade* (e mais à frente explicarei como isso não se refere especificamente à *criação artística*). Mas a mente não funciona assim porque nascemos dessa maneira. Por ser um empreendedor, a necessidade criadora precede tudo, o que leva ao que considero o primeiro tópico relevante em nossa jornada: o valor da criatividade.

O talento criativo de Mauricio se manifesta em sua habilidade de dar vida a personagens icônicos. Seja na Turma da Mônica, seja em outros universos

---

1. Apesar de o livro ser escrito por dois autores, preferimos usar a voz na primeira pessoa, sem necessidade de distinguir os autores, visto que os dois trabalharam juntos na obra.

que ele criou, suas ilustrações transbordam personalidade e emoção. Cada traço, gesto e expressão é cuidadosamente projetado para capturar a essência de seus personagens e contar histórias envolventes.

Mauricio também é mestre na narrativa. Suas histórias são habilmente construídas para equilibrar comédia, emoção e ensinamentos valiosos. Ele consegue abordar temas complexos e relevantes de forma acessível para o público mais jovem, transmitindo mensagens importantes sobre amizade, respeito, inclusão e responsabilidade ambiental.

Além disso, ele sempre se destacou por sua abordagem ousada e inventiva. Mauricio tem a coragem de pensar além das fronteiras estabelecidas, permitindo que sua imaginação voe livremente. Essa liberdade de criação resultou em um vasto universo de personagens marcantes, cada um com sua própria personalidade, histórias e desafios únicos.

A estimulação da criatividade é um fator fundamental para o desenvolvimento de indivíduos e a promoção de uma sociedade inovadora e dinâmica. Mauricio é um exemplo disso e de como um ambiente enriquecido com arte e cultura pode alimentar a imaginação e desencadear a expressão criativa.

Seu pai, Antônio Mauricio de Sousa, era um artista em todas as dimensões, além de ser barbeiro: era poeta, compositor e pintor, trazendo para o lar uma atmosfera de expressão artística. Sua mãe, Petronilha Araújo de Sousa, também era poeta, ampliando ainda mais o mundo literário presente na casa. Ela utilizava os balões de gibis como material para ensinar Mauricio a ler. Essa abordagem criativa e lúdica despertou nele o amor pelos livros desde cedo, permitindo que mergulhasse em histórias e desenvolvesse sua imaginação.

Sua casa era um verdadeiro refúgio cultural. Reunia artistas em saraus, promovia encontros de músicos para tocar chorinho – um ambiente familiar que proporcionava um espaço de trocas e inspiração. Essas reuniões e interações estimulavam a sua criatividade, permitindo-lhe absorver diferentes perspectivas e influências artísticas.

A importância de um ambiente culturalmente enriquecido na infância não pode ser subestimada. O acesso a livros, a presença de artistas e a atmosfera de liberdade de expressão estimularam sua criatividade e forneceram as ferramentas necessárias para que ele se tornasse um dos mais renomados artistas do Brasil.

O QUE MATA A CRIATIVIDADE

A criatividade é fundamental nos negócios, pois é ela que permite encontrar soluções inovadoras para os desafios do mercado. É preciso estimular a criatividade em todos os aspectos da empresa, desde a concepção de novos produtos até a resolução de problemas do dia a dia. E a habilidade de aprender com os erros é uma parte fundamental do processo criativo.

Esse foi um tema central das minhas conversas com o Mauricio. Errar permite que as pessoas aprendam com seus erros, ajustem suas abordagens e melhorem suas habilidades ao longo do tempo. Em vez de considerar o erro algo negativo, é importante reconhecer seu valor no crescimento e na evolução. Permitir-se errar é crucial para o desenvolvimento da criatividade e, consequentemente, da inovação. Quando as pessoas estão dispostas a assumir riscos e experimentar novas ideias, a probabilidade de cometer erros aumenta. No entanto, isso também aumenta a possibilidade de descobrir soluções inovadoras e ideias originais que podem levar a avanços significativos.

Uma mente criativa pode ser moldada. E, se isso acontece logo na infância, ela se tornará um modo de vida. Por outro lado, a criatividade, na vida adulta, tende a ser rejeitada, em especial no universo empresarial, no qual as coisas e a vida são dominadas por uma necessidade urgente de pragmatismo e objetividade.

"Essa pessoa é artista." Essa expressão é comumente usada para designar que "aquela pessoa não tem a objetividade necessária para tomar decisões racionais coerentes". Infelizmente, é assim que as ideias de criatividade e arte estão equivocadamente definidas, seja pela necessidade de simplificação das coisas, seja pelo controle social que é imposto. Um artista precisa essencialmente ser criativo. Criatividade, entretanto, não é uma exclusividade de artistas.

A criatividade pode ser desencorajada em organizações altamente hierárquicas, como sistemas políticos e estamentos burocráticos, pois são baseadas em resistência à mudança, estrutura rígida, medo de falhas, competição interna e enfoque nos resultados de curto prazo. Muitas vezes, a rejeição de ideias criativas leva a erros e perdas muito maiores no longo prazo. E, ao contrário do que se pode pensar, a resistência à mudança por medo do desconhecido frequentemente afeta mais pessoas em posições intermediárias, seja pelo conforto que sentem com a situação atual, seja por receio de represálias, críticas ou consequências negativas caso suas ideias não sejam bem-sucedidas. Além disso, lidam com um estresse maior ao ter que atender às expectativas de chefes e subordinados.

A competição interna também pode dificultar a criatividade, pois a disputa entre funcionários e departamentos tem o potencial de criar um ambiente em que a colaboração é desencorajada e as ideias criativas são vistas como ameaças, em vez de oportunidades para melhorar a empresa. Lideranças com foco em resultados de curto prazo podem priorizar ganhos imediatos, evitando a inovação e a experimentação a longo prazo, uma vez que projetos criativos geralmente exigem tempo e recursos para se desenvolverem e darem frutos. Para permitir que a criatividade floresça, é importante criar uma cultura que valorize a inovação, a experimentação e a tolerância ao risco, promovendo espaços de colaboração, mentalidade de crescimento e processos que incentivem a geração de ideias e a tomada de decisões descentralizada.

PENSAR FORA DA CAIXA

Criatividade é o ato (ou hábito) de imaginar de maneira original, flexível e divergente. É um processo mental que envolve a geração de novas ideias, conceitos ou associações. A criatividade deve ser aplicada em todas as áreas da vida, não apenas na arte, pois as pessoas que desenvolvem o hábito de pensar criativamente têm, em geral, a capacidade de encontrar soluções únicas e inovadoras para situações diversas. Elas dificilmente passam por necessidades ou dificuldades financeiras, por exemplo, e não têm medo de errar. A tolerância aos erros envolve uma mentalidade de crescimento, em que eles são vistos como oportunidades de aprendizado, em vez de fracassos. Sim, é possível criar uma cultura de aprendizado contínuo, inovação e crescimento, o que leva a melhores resultados e maior satisfação pessoal e profissional.

E aqui precisamos parar para um momento de reflexão, pois não estamos falando em criar uma cultura do erro. Apenas é necessário reconhecer que o erro é uma certeza com a qual precisaremos lidar. Quando uma pessoa erra devido à falta de conhecimento, treinamento, ferramentas adequadas ou direcionamento correto causado pela desinformação, isso sugere que ela enfrenta limitações em sua capacidade de executar a tarefa de maneira eficiente e precisa. Nessas situações, os erros podem ser atribuídos a fatores externos, e não necessariamente à incompetência da pessoa. É importante identificar a raiz do erro e abordá-la de maneira proativa. Para fazer isso, pode ser necessário fornecer treinamento adequado e oportunidades de aprendizado, ajudando a aprimorar o conhecimento e as habilidades da pessoa envolvida. Isso pode ser feito por meio de cursos, workshops, mentorias ou outras formas de capacitação.

Além disso, garantir que a equipe tenha acesso a ferramentas, equipamentos e recursos necessários para executar suas tarefas com sucesso é fundamental. Isso pode envolver investir em novas tecnologias, melhorar a infraestrutura ou atualizar materiais de trabalho. Outra abordagem importante é melhorar a comunicação e a disseminação de informações dentro da organização. As lideranças devem ser claras em suas expectativas, fornecer diretrizes e instruções precisas e estar disponíveis para responder a perguntas e esclarecer dúvidas. Estabelecer uma cultura organizacional que promova o aprendizado contínuo pode ajudar a reduzir a ocorrência de erros relacionados à falta de conhecimento, treinamento ou recursos.

No entanto, quando um erro acontece em busca de inovação, isso pode ser visto como um aspecto natural do processo criativo. A inovação envolve assumir riscos, explorar o desconhecido e testar novas abordagens, o que inevitavelmente leva a erros e falhas. Erros cometidos durante a busca pela inovação podem fornecer *insights* cruciais sobre o que funciona ou não, permitindo que os envolvidos ajustem suas estratégias e abordagens para encontrar soluções mais eficazes e inovadoras. Portanto, em vez de encarar esses erros como fracassos, é importante tratá-los como oportunidades de aprendizado e crescimento.

Para aproveitar ao máximo os erros cometidos durante o processo de inovação, é essencial criar uma cultura organizacional que valorize a experimentação, a tolerância ao risco e a aprendizagem contínua. Isso inclui incentivar a comunicação aberta e honesta sobre erros e falhas, reconhecer e celebrar o esforço e a criatividade por trás das tentativas, mesmo quando não obtiverem êxito, e promover uma mentalidade de crescimento, na qual os funcionários vejam os erros como oportunidades de melhoria. Ao adotar essa mentalidade positiva, as organizações podem se tornar mais adaptáveis, resilientes e bem-sucedidas a longo prazo.

A importância da criatividade e da inovação no ambiente corporativo tem sido destacada em várias pesquisas e estudos. Por exemplo, o Relatório Global de Competitividade do Fórum Econômico Mundial é um estudo anual que avalia a competitividade dos países com base em vários indicadores, incluindo a capacidade de inovação e a criatividade no ambiente empresarial. Esse relatório é usado por empresas e governos para identificar áreas de melhoria e desenvolver estratégias que impulsionem a competitividade e o crescimento econômico.

Sim, promover a criatividade pode melhorar o desempenho da organização. Em 2016, a Adobe realizou uma pesquisa chamada *State of Create*, para investigar a percepção da criatividade no ambiente de trabalho. Essa pesquisa incluiu mais de 5 mil participantes em todo o mundo e revelou que 78% dos entrevistados acreditavam que a criatividade era importante para o sucesso econômico. Além disso, 87% dos entrevistados concordaram que as empresas que investem em criatividade têm maior probabilidade de aumentar a satisfação dos funcionários, melhorar a resolução de problemas e impulsionar a inovação.

Eu me lembro perfeitamente da expressão marota do Mauricio quando toquei nesse assunto: "O fracasso não define a sua trajetória, mas sim a forma como você lida com ele".

A criatividade é a base da inovação, e um ambiente corporativo que incentiva a criatividade é mais propenso a desenvolver ideias, produtos e serviços. Um estudo do professor britânico de psicologia organizacional na Lancaster University Management School e pesquisador sênior no The King's Fund, em Londres, Michael A. West, intitulado *Sparkling fountains or stagnant ponds: An integrative model of creativity and innovation implementation in work groups* [Fontes cintilantes ou lagoas estagnadas: um modelo integrativo de criatividade e implementação de inovação em grupos de trabalho], demonstra que a criatividade e a inovação estão relacionadas à eficácia do grupo de trabalho e à adaptação em ambientes empresariais desafiadores e em constante mudança.

Outro estudo interessante foi realizado pela McKinsey & Company em 2018, intitulado *The Innovation Commitment* [O comitê de inovação]. Este estudo analisou a relação entre inovação e desempenho financeiro em mais de mil empresas globais. Os resultados mostraram que as empresas no top 20 em termos de inovação experimentaram um crescimento de receita 2,6 vezes maior do que as empresas restantes. Embora não forneçam dados estatísticos específicos sobre os efeitos diretos da criatividade no ambiente de trabalho, esses estudos enfatizam a importância da criatividade e da inovação para o sucesso das empresas. Outra maravilha de uma empresa inovadora é melhorar a resolução de problemas e aumentar a satisfação de seus funcionários.

A BASE DA MAURICIO DE SOUSA PRODUÇÕES

A criatividade desempenhou um papel fundamental na criação e no sucesso duradouro do império da Mauricio de Sousa Produções. A empresa tornou-se uma referência na indústria de entretenimento e quadrinhos, em grande parte graças à abordagem criativa adotada em seus negócios. A chave para a sua longevidade reside na habilidade de se reinventar constantemente.

A MSP soube capitalizar essa criatividade, transformando os personagens e as histórias em uma marca de sucesso. Ela expandiu seus negócios para além dos gibis, diversificando-se em animações, filmes, programas de TV, produtos licenciados e parques temáticos. Essa adaptabilidade inovadora permitiu que a empresa conquistasse um público global e se tornasse uma marca reconhecida em diversos países.

Outro aspecto importante é que a criatividade permeia a cultura organizacional. A empresa valoriza e incentiva a contribuição criativa de sua equipe, promovendo um ambiente colaborativo e estimulante. Essa abordagem permite que novas ideias sejam exploradas e que a empresa continue evoluindo e se mantendo relevante em um mercado como o do entretenimento, em que diversas mudanças e tendências estão surgindo, basta ver os lançamentos da Disney, Marvel e DC.

Quando estabeleço que "o valor da criatividade" é o precursor e a base de como tudo começa e se mantém até hoje, quero dizer que isso também é a base da empresa que o Mauricio construiu. Ao estabelecer isso como valor, em mais de seis décadas, a empresa nunca parou de evoluir. Não me refiro a crescimento numérico, porque toda empresa passa por altos e baixos, mas ao que a tornou uma referência no mercado. Como você verá no decorrer dos demais capítulos, entre as minhas conversas com o Mauricio, que considero a base essencial da nossa colaboração, as visitas à MSP e a minha própria percepção dos fatos, a intenção é elucidar pontos práticos que foram construindo outros valores e hoje fundamentam essa empresa familiar, como uma colcha de retalhos.

Ao mesmo tempo, é preciso dizer que não existe molde perfeito e que é uma ilusão achar que uma empresa como a MSP encontrou o lugar ideal. Esse lugar não existe. Ainda assim, posso afirmar (sem medo de errar) que o menino que começou a desenhar histórias com poucos anos e construiu um império a partir disso impregnou sua construção com cada um dos valores que vamos analisar daqui em diante.

CAPÍTULO 2

O Valor do Otimismo

E A FÉ EM DIAS MELHORES

O VALOR DO OTIMISMO

Uma das características mais marcantes no diálogo com Mauricio é seu constante bom humor. Essa impressão se formou ao longo de décadas, por meio de suas inúmeras aparições em entrevistas. A figura pública de Mauricio é cercada por essa aura. Durante minha pesquisa, assisti a dois programas interessantes com ele. No primeiro, Otávio Mesquita, apresentador e empresário, visita a MSP e conhece as novas e incríveis instalações da empresa. Otávio, um gênio da peraltice, e Mauricio se divertem como crianças, brincando com bonecos e pessoas, inclusive com a Mônica da vida real, filha de Mauricio e inspiração para a personagem. No segundo programa, Mauricio se senta ao lado do apresentador e comediante Danilo Gentili em seu *talk show* e ambos se divertem bastante, demonstrando uma relação de cumplicidade no fazer rir. Gentili, conhecido por seu humor ácido e sarcástico, diverte-se com Mauricio, que brinca e ri de si mesmo.

O carisma de Mauricio vem, em grande parte, de sua veia humorística. Ele não é um comediante, mas a construção de seus personagens e as incontáveis histórias têm esse traço da sua personalidade. O início da MSP, por exemplo, é marcado pelo intenso investimento em tiras, uma forma popular de arte sequencial e entretenimento, composta por um ou poucos quadrinhos que contam uma história curta e terminam com um clímax humorístico, ou seja, o *punch* da piada.

É importante diferenciar uma pessoa com bom humor de comediantes ou humoristas. O bom humor está relacionado à capacidade de enfrentar situações difíceis com leveza e resiliência, mantendo uma perspectiva positiva, mesmo em momentos de adversidade. Isso não significa que a pessoa de bom humor está constantemente fazendo piadas ou sendo engraçada, mas que ela encara a vida com uma atitude positiva e sabe lidar com os altos e baixos. É fundamental reconhecer essa distinção antes de prosseguirmos, para entender o que realmente significa ser uma pessoa de bom humor e como isso se relaciona com o otimismo.

Nos encontros com Mauricio, sempre acesso essa aura de leveza. Isso não quer dizer que ele não tenha tido momentos de destempero, como me relatou sobre a última vez que teve um episódio de fúria na vida. Esse dia, segundo o próprio Mauricio, foi um divisor de águas. Quando ainda jovem empreendedor, se revoltou com um acontecimento e, após desligar o telefone, um daqueles aparelhos bem antigos, jogou-o contra a parede. Em seguida, teve uma epifania, uma revelação de que descontar sua fúria nas coisas ou nas pessoas não resolveria os problemas. Certamente, quem já viu Mauricio bravo é uma pessoa privilegiada, digna de seu círculo mais íntimo de relacionamento.

Encontrar o equilíbrio entre otimismo e realidade é crucial para o sucesso de um negócio. Desistir de um projeto pode, de fato, ser uma decisão equilibrada, especialmente quando se percebe que insistir nele vai gerar perdas ainda maiores. Nesses casos, a realidade nos permite reconhecer quando é hora de mudar de direção e investir nossos recursos e energia em algo mais promissor. O otimismo desempenha um papel fundamental nesse processo, pois nos ajuda a manter a esperança e a motivação para recomeçar, mesmo diante do fracasso momentâneo. Ele nos encoraja a acreditar que as dificuldades e os desafios podem ser superados e que há oportunidades esperando para ser descobertas. O otimismo nos permite enxergar além das circunstâncias atuais e nos prepara para buscar novos caminhos e soluções.

Ao equilibrar uma visão otimista com uma realista, somos capazes de tomar decisões mais informadas e estratégicas, aprendendo com nossos erros e nos adaptando às mudanças. Esse equilíbrio nos permite ser resilientes e persistentes, mesmo diante de contratempos e fracassos, e nos mantém focados em nossos objetivos a longo prazo. Ao abraçar tanto a realidade quanto o otimismo, podemos navegar pelos desafios do mundo dos negócios de maneira mais eficaz e alcançar o sucesso desejado.

O TODO-PODEROSO OTIMISMO

Empreender no Brasil é um desafio que exige muito mais do que apenas talento e boas ideias. O país apresenta diversas barreiras ao sucesso de um negócio, como um ambiente de grande risco, altos juros, complexidades fiscais e pouca inovação devido a restrições de importação de máquinas e tecnologia. Nesse contexto, o otimismo desempenha um papel fundamental para os empreendedores superarem as adversidades e prosperarem em um ambiente tão competitivo e desafiador.

Segundo Tales Andreassi, professor da Fundação Getulio Vargas (FGV), em seu estudo *Fatores culturais e o perfil empreendedor: um estudo comparativo entre empreendedores brasileiros, argentinos e chilenos*, aspectos como motivação, autoconfiança e atitude empreendedora são fundamentais para o sucesso nos negócios. Essas características estão intrinsecamente ligadas ao otimismo, pois um empreendedor otimista é mais propenso a se manter motivado, confiante e resiliente diante dos obstáculos. O estudo de Andreassi revela que os brasileiros se diferenciam por sua maior tolerância ao risco, sua autoconfiança e seu otimismo em comparação a seus colegas argentinos e chilenos — estes mais cautelosos e planejadores. Essas características, aliadas à capacidade de agir de forma rápida e decisiva, podem ser cruciais para o sucesso dos empreendedores em um ambiente de negócios desafiador e incerto como o do Brasil.

Além disso, outros estudos internacionais também apontam a importância do otimismo no mundo dos negócios. Segundo Robert A. Baron, professor da Oklahoma State University, em seu estudo intitulado *The role of affect in the entrepreneurial process* [O papel do afeto no processo empreendedor], o otimismo tem um papel crucial na tomada de decisões e na avaliação de oportunidades, ajudando os empreendedores a enxergar o potencial de sucesso, mesmo em situações incertas. Manju Puri, professora da Duke University, e David T. Robinson, professor da Columbia University, em seu estudo *Optimism and economic choice* [Otimismo e escolhas econômicas], também destacam a relação entre otimismo e maior propensão a assumir riscos calculados, o que é essencial para qualquer empreendedor.

Diante de uma farta literatura acadêmica que embasa o poder do otimismo, ainda podemos ressaltar um fator importante na hora de enfrentar os desafios do mercado: a saúde. Michael F. Scheier, professor da Carnegie Mellon University, em seu estudo *Dispositional optimism and physical well-being: The influence of generalized outcome expectancies on health* [Otimismo disposicional e bem-estar físico: a influência das expectativas generalizadas de resultados na saúde], relaciona o otimismo à saúde física e mental. Melhor qualidade de vida e maior disposição para o trabalho afetam diretamente os resultados das empresas no longo prazo, aumentando a resiliência, a criatividade e a determinação.

O otimismo de Mauricio de Sousa tem sido um fator determinante para a longevidade e o sucesso de seu negócio ao longo dos anos. Sua atitude positiva permitiu que ele enfrentasse e superasse inúmeras adversidades, como mudanças de governo, de regime político, de moeda e períodos de hiperinflação. Por exemplo, Mauricio não se limitou ao mercado editorial, mas expandiu sua atuação para diversas áreas, às vezes sem um plano bem detalhado, e investiu acertadamente no licenciamento de seus personagens, diversificando sua fonte de receita. Obviamente cometeu erros, mas não permitiu que esses erros destruíssem sua visão de futuro.

Ao longo de sua trajetória, Mauricio soube manter a chama do otimismo acesa, enfrentando os desafios com coragem e determinação, o que lhe permitiu consolidar sua marca e seus personagens no imaginário popular e no coração dos brasileiros.

EQUILÍBRIO ENTRE OTIMISMO E REALISMO

O otimismo traz muitos benefícios, mas também tem um lado negativo que precisa ser considerado. Quando se torna excessivo ou irrealista, pode levar a uma avaliação imprecisa dos riscos e benefícios envolvidos em uma situação, o que resulta em decisões imprudentes ou mal-informadas. Além disso, os colaboradores podem subestimar os desafios e dificuldades, deixando-os despreparados para enfrentar situações adversas.

Um ambiente excessivamente otimista também pode gerar complacência e falta de senso de urgência, fazendo com que os colaboradores não se esforcem tanto quanto deveriam para alcançar metas e objetivos. Pessoas muito otimistas podem ignorar ou rejeitar *feedbacks* negativos, o que dificulta a identificação e correção de problemas e limita as oportunidades de aprendizado e melhoria. Além disso, o otimismo excessivo pode gerar expectativas irreais, e, quando essas expectativas não são atingidas, pode haver frustração, desapontamento e desgaste emocional.

Para evitar esses problemas, é importante encontrar um equilíbrio entre o otimismo e o realismo. Isso pode ser alcançado por meio da promoção de uma cultura de aprendizado, adaptabilidade e autoconsciência. Incentivar os colaboradores a considerar diferentes cenários, analisar cuidadosamente os riscos e benefícios e estar abertos a *feedbacks* construtivos pode ajudar a manter um ambiente otimista e realista ao mesmo tempo. Dessa forma, o otimismo serve como um impulsionador da criatividade e da inovação, sem comprometer a eficiência e a eficácia no ambiente de trabalho.

O otimismo de Mauricio não é ingênuo, mas fundamentado em sua determinação e crença de que é possível superar as adversidades. Além disso, não se limita apenas ao âmbito pessoal, mas influencia sua visão sobre o mundo e a sociedade: ele acredita no poder transformador da arte e do entretenimento, e usa sua plataforma para transmitir mensagens de esperança, inclusão e tolerância.

O OTIMISMO E A FÉ

Por fim, um assunto que não se pode deixar de lado: otimismo e fé. Conceitos facilmente confundidos, porém com aspectos distintos, embora ambos desempenhem um papel importante na manutenção da nossa esperança por dias melhores. Quando otimismo e fé atuam em conjunto, eles nos fornecem um senso de esperança e resiliência, permitindo-nos perseverar, mesmo diante das dificuldades. O otimismo nos dá a confiança para seguir em frente, enquanto a fé nos proporciona um sentimento de propósito e significado que nos motiva a continuar lutando.

Por um lado, o otimismo é a tendência de acreditar que as coisas vão melhorar e de ter uma atitude positiva em relação ao futuro. Ele nos ajuda a enfrentar adversidades com confiança e a acreditar que podemos superar obstáculos e alcançar nossos objetivos. A fé, por outro lado, é uma convicção ou crença em algo que não podemos ver ou comprovar diretamente, como a existência de uma força ou um propósito maior. A fé pode ser de natureza espiritual ou religiosa, mas também pode se manifestar como uma crença profunda na bondade das pessoas e na capacidade da humanidade de superar desafios.

Essa é uma das grandes missões explícitas nas atividades cotidianas da MSP. As iniciativas sociais, o empréstimo da credibilidade para causas humanitárias e uma infinidade de ações diretas para promoção do bem-estar social não são uma estratégia de marketing – embora não seja qualquer demérito para a empresa utilizar isso como uma forma de sensibilizar as pessoas sobre sua atuação social. Entretanto, essa característica emana diretamente da personalidade do Mauricio. Ele deseja ajudar as pessoas porque é otimista em relação à humanidade.

Em dado momento da nossa entrevista, quase ao fim de uma longa hora e meia, Mauricio se volta para a pequena audiência de três pessoas na sala e solta uma de suas maravilhosas tiradas: "Eu sou diabolicamente otimista". Graças a Deus, Mauricio!

CAPÍTULO 3

O Valor da Persistência

E A VISÃO DE LONGO PRAZO

O VALOR DA PERSISTÊNCIA

Quando iniciei minha colaboração com Mauricio, senti o desejo de revisitar seus gibis, movido pela curiosidade de saber como essas narrativas me afetariam hoje, aos 40 e poucos anos. Notei que, por trás de cada traço e balão de diálogo, há de fato uma essência enraizada nas vivências e experiências do autor, mas vejo também veículos de uma mensagem universal, como ele mesmo pontuou diversas vezes em nossos encontros. Assim, os quadrinhos assumem um papel mais profundo e significativo em nossas vidas: são pontes para a reflexão, a reavaliação de nossas próprias experiências e o despertar de um senso de pertencimento.

É por isso que milhões de pessoas de diferentes gerações se identificam com a Turma da Mônica. Para uma criança, os quadrinhos são como uma carta do futuro que revela tudo o que ela enfrentará ao longo da vida e as lições que deve levar consigo. É como se cada história revelasse segredos e conselhos para enfrentar os desafios que estão por vir. Para os adultos, eles possuem um poderoso efeito de resgate. À medida que envelhecemos, muitas vezes esquecemos os princípios e valores fundamentais que nos guiavam na infância, e as histórias em quadrinhos são um lembrete poderoso de nossa essência perdida, uma oportunidade de reviver os ensinamentos simples e profundos que deixamos para trás.

Ao folhear as páginas, fui convidado a redescobrir a magia que uma vez habitou em mim. Ao mesmo tempo que resgatava o olhar inocente e curioso de uma criança, compreendia cada vez mais a filosofia de Mauricio. Uma das histórias que me chamou a atenção foi "Mônica em: Desistir? Nunca!", lançada em 2013. Nela, Mônica está nervosa e com raiva de Cebolinha porque, mesmo tendo acabado de levar uma coelhada, ele já estava arquitetando outro plano para derrotá-la e se tornar o dono da rua. "Ele já tentou vinte mil vezes e até agora só quebrou a cara! E, mesmo assim, todo dia ele me aparece com mais um plano furado! Por que será que ele não desiste de uma vez?", questiona.

Querendo encontrar uma maneira de fazê-lo encarar a realidade, Mônica decide recorrer a uma conselheira espiritual, acreditando que talvez alguma magia faça Cebolinha parar de incomodá-la. Não é que ela desejasse seu mal; apenas queria que ele abandonasse a ideia de se tornar o dono da rua. "Tá na cara que ele nunca vai conseguir. É sério! O negócio já virou fixação! Não tem um jeito de fazer ele desistir dessa ideia besta?", pergunta. A conselheira sugere que ela suba o Morro da Cigana e pegue uma planta chamada flor do esclarecimento, que tem o poder de abrir os olhos das pessoas que se recusam a enxergar a verdade. Imediatamente, ela decide subir o morro.

Ao chegar lá, depara-se com uma montanha gigantesca, alta e íngreme, repleta de pedras. Mônica pede à Magali para ajudá-la a subir, mas sua amiga recusa, dizendo que levaria semanas para chegar ao topo. Determinada, Mônica responde: "Se você quiser, pode ficar! Mas eu não sou mulher de desistir no primeiro obstáculo, não!". Ela reconhece que seria mais útil ter uma escada, mas compreende que nem sempre se pode ter tudo na vida. "Mas eu é que não vou desistir por causa disso! Vamos lá, Mônica! Garra, força e coração! É isso aí! Eu sou uma mulher de fibra e nada vai me derrubar!".

Na primeira tentativa, Mônica pisa em uma pedra solta e acaba caindo no chão. Magali tenta convencê-la a desistir, mas ela insiste: "Nada disso! Eu não vou desistir nunca! Ou eu chego no topo, ou meu nome não é Mônica!". Na segunda tentativa, ela cai novamente. No entanto, com persistência, consegue escalar até metade da montanha. Só que, no meio do caminho,

Mônica precisa enfrentar o ataque de cobras, morcegos, águias, avalanches e até mesmo do Abominável Homem das Neves, mas ela não se deixa abalar, consegue enfrentar tudo e seguir em frente.

Finalmente, Mônica consegue chegar ao topo do morro e encontra as flores do esclarecimento, experimentando uma sensação de vitória e conquista. Mas logo se depara com a conselheira espiritual e com a Magali, que haviam subido ao morro com um elevador instalado em uma árvore.

Mônica fica indignada e pergunta por que ninguém a avisou, considerando que se machucou para chegar até lá. A conselheira responde que Mônica precisa de uma lição de esclarecimento, ao passo que Mônica tenta argumentar que a flor não era para ela, mas para Cebolinha, para que ele desistisse da ideia de tentar ser o dono da rua. A conselheira a questiona: "Desistir? Você, por acaso, desistiu de chegar ao topo do Morro da Cigana, mesmo depois de perceber que era quase impossível? Isso se chama força de vontade, Mônica! Já pensou se todo mundo desistisse de todos os seus sonhos só por causa de algumas pedras no caminho? Agora você entende o Cebolinha, não é?".

A jornada de Mônica até o topo da montanha representou um desafio físico e emocional, provando que a força de vontade e a determinação podem superar obstáculos aparentemente intransponíveis. A lição dessa narrativa é que, para aqueles que estão dispostos a encarar as adversidades, uma recompensa valiosa os aguarda: aprendizados significativos e a doce satisfação de conquistar aquilo que se deseja.

A persistência se revela como a personagem principal na vida de Mauricio. Desde o início de sua trajetória, ele enfrentou obstáculos que poderiam ter desencorajado qualquer um, a começar pela condição financeira que vivia naquela época, na década de 1950, que o impossibilitou de terminar o Ensino Fundamental, por passar boa parte do tempo trabalhando. Mesmo sendo mal remunerado e exercendo trabalhos dos quais não gostava, Mauricio continuou perseguindo seu sonho de ser artista.

Uns podem dizer que foi ingenuidade; outros, determinação; e há quem diga que foi intuição. Não importa a palavra, Mauricio persistiu. E foi a persistência que o levou a pegar, certa manhã de 1954, um bonde na Penha, ir até a alameda Barão de Limeira, São Paulo, e bater na porta da *Folha da Manhã*, na esperança de que alguém pudesse reconhecer seus trabalhos. Quando teve a chance de apresentar seus desenhos a um dos maiores ilustradores do país, ouviu dele palavras desmotivadoras, dizendo que desenho não lhe traria dinheiro, muito menos um futuro promissor.

Ele parecia nadar contra a correnteza, e seu sonho de ser desenhista se tornava cada vez mais distante. Mauricio considerou desistir... até que Mário Cartaxo, o jornalista que o viu cabisbaixo, perguntou o que havia acontecido, ouviu sua história, olhou os desenhos e lhe aconselhou a tentar entrar no jornal em outra área – e ele foi ser copidesque. Mesmo que não tenha sido como planejara, Mauricio percebeu que ali poderia acessar uma oportunidade.

COBRAS, ÁGUIAS, MORCEGOS E AVALANCHE

A vida é uma jornada repleta de desafios e obstáculos que, muitas vezes, nos colocam à prova. Por isso, é fundamental ter clareza sobre nossos objetivos e o que realmente desejamos alcançar, porque a persistência sem um propósito claro pode levar ao esgotamento e à falta de motivação. Definir metas realistas e significativas é o que nos inspira a continuar avançando, mesmo nos momentos mais difíceis, sabendo que às vezes é necessário mudar a rota e adotar outras estratégias para chegar aonde se quer.

Não que a persistência seja um caminho fácil. Definitivamente, ela não é, pois, como vimos na história da Mônica, exige muita força de vontade, paciência e uma mentalidade resiliente quando muitas vezes parece mais fácil desistir. Mas é importante lembrar que grandes conquistas estão reservadas para aqueles que têm a coragem de persistir, como Mauricio fez em todas as dificuldades pelas quais passou em sua trajetória e que o consagraram como um dos artistas mais influentes e amados do Brasil.

Em um momento da entrevista, Mauricio quis me levar para conhecer o acervo aberto da MSP. Enquanto caminhávamos por um pequeno corredor, ele me mostrava os trabalhos e os itens que estão preservados e expostos em uma espécie de linha do tempo, desde as primeiras publicações até os produtos mais recentes da Turma da Mônica. Paramos em frente à primeira tirinha do cão Bidu, publicada em 18 de julho de 1959 pela *Folha da Tarde*, emoldurada na parede como um testemunho tangível dos primeiros passos de Mauricio nesse universo. E então ele começa a contar a história por trás dela.

Enfrentando a falta de recursos e a resistência do mercado editorial, primeiro Mauricio trabalhou por cinco anos como repórter policial; depois, quando já havia ocupado um espaço no mercado e certo respeito profissional, sentiu-se confiante para pedir que o deixassem realizar alguns trabalhos como ilustrador. Foi assim que ele estrategicamente começou a publicar suas primeiras tiras em jornais regionais, construindo lentamente seu caminho no mundo da arte.

Em seguida, Mauricio me conduziu ao segundo tesouro do acervo: uma caixa de vidro que guarda com cuidado os clichês (chapas de zinco) das tiras. Com entusiasmo, ele compartilhou a importância desses itens, explicando que as ilustrações eram criadas num papel e só depois de o papel "virar a chapa de zinco" é que esse material era colocado nas peças de madeira, como se fossem "carimbos". Esses materiais virariam os fotolitos dos jornais. Os clichês são mais um episódio de sua persistência.

Mauricio queria criar algo semelhante a Walt Disney, que havia alcançado milhões de pessoas ao redor do mundo. Movido pela curiosidade de saber como os sindicatos estadunidenses conseguiam vender seus materiais em outros países, Mauricio convenceu o redator-chefe e o diretor de redação a fornecer-lhe todo o material que os norte-americanos enviavam. Foi nesse momento que ele percebeu que a mesma história deveria ser vendida para diferentes jornais. No entanto, ele questionava como conseguiria fazer isso.

Foi então que ele teve a ideia de pedir a seus amigos do jornal que lhe dessem os clichês que costumavam ser descartados. Eles lhe deram 118 chapas, além de orientá-lo sobre como emprestá-las para jornais semanais, especialmente os relacionados a igrejas, que tinham recursos para adquiri-las. Os clichês foram importantes para que ele pudesse apresentar e oferecer as cópias de suas tiras aos jornais regionais de forma mais eficiente e em maior quantidade. Eles foram como um passaporte para que suas criações ganhassem visibilidade e conquistassem um público cada vez maior.

Assim, carregando várias chapas de clichês na mão, Mauricio pegava ônibus e ia visitando as redações. Ele apresentava suas tiras aos editores, oferecendo-se para fornecer a continuação das histórias na semana seguinte. Essa rotina se repetiu durante muitos meses.

Mas tudo mudou quando a tecnologia offset foi inventada. Mauricio ficou entusiasmado, pois agora não dependia mais do clichê e poderia vender suas criações para o mundo inteiro. Começando pelo Brasil, em apenas alguns meses ele conseguiu vender seu trabalho para os principais jornais do país. Tinha em mãos um anuário com os nomes dos veículos e dos redatores-chefes. Era exatamente disso que ele precisava! Mauricio enviava diretamente suas tiras para eles, argumentando, de acordo com a linha política de cada um, por que sua obra era relevante: se o jornal era americanizado, destacava que as histórias eram tão boas quanto as americanas; se era nacionalista, ressaltava a importância de apoiar as histórias em quadrinhos 100% brasileiras.

Logo, Mauricio já tinha uma rede de 400 jornais que publicavam suas criações. Com esse sucesso, ele finalmente teve a oportunidade de abordar uma grande editora, a Editora Abril, e apresentar sua proposta para a criação de uma revista. E assim, no ano de 1970, a revista *Mônica* foi lançada pela primeira vez, com uma tiragem de 200 mil exemplares, tornando-se um sucesso instantâneo.

Entretanto, antes da *Mônica* ser lançada pela Abril, aconteceu um caso que poderia ter feito Mauricio desistir. Ele foi demitido, acusado injustamente de envolvimento político, por ter sido presidente da Associação de Desenhistas de São Paulo (Adesp). Ele passou a ser ignorado pela imprensa, acumulou dívidas de aluguel e não tinha mais de onde tirar dinheiro para sustentar a família – na época, sua primeira esposa, Marilene Spada, duas filhas e uma terceira a caminho.

Mas, novamente, sua persistência foi um atributo poderoso que o impulsionou a enfrentar os desafios de frente, buscando soluções e mantendo o foco no que realmente importava. Apesar de estar desempregado, endividado e sem um tostão, ele pensava que toda a situação poderia ser pior, não fosse o empréstimo que pedira a seu pai, evitando que alguém da sua família passasse fome ou frio.

Ele não trabalhou fixo em nenhum jornal. Os gibis não existiam ainda. Mauricio mantinha a confiança de que tudo se ajeitaria no final se fizesse o que, naquele momento, estava ao seu alcance – mesmo sem nenhuma garantia. Saiu em busca de um emprego pelos jornais, batendo de porta em porta, transformando o difícil em desafiador, o obstáculo em uma oportunidade de evolução.

Quando nos deparamos com um obstáculo, é natural nos sentirmos desanimados ou derrotados; no entanto, é importante lembrar que os maiores triunfos são frequentemente precedidos por grandes dificuldades. A persistência nos ajuda a manter a chama da motivação acesa, mesmo quando tudo parece estar contra nós. Mauricio sempre teve um propósito muito claro, e foi isso o que sempre trouxe à luz soluções práticas nos momentos de escuridão.

Como o próprio Mauricio diz: "Ao se deparar com um problema, é preciso enfrentá-lo com serenidade e equilíbrio, avaliar as opções disponíveis e buscar soluções que possam ser implementadas de forma efetiva – afinal, os problemas não são obstáculos intransponíveis, mas oportunidades para encontrar novas soluções e crescer como pessoa e profissional". E é preciso uma boa dose de paciência; é preciso saber que um grande sonho, assim como um grande empreendimento, leva tempo para ser construído – tanto que ele só foi começar a ter um vislumbre de uma independência financeira como ilustrador aos 30 anos, após uma década de trabalho.

Mas os desafios não pararam por aí. Suas historinhas começaram a fazer sucesso nas escolas, e Mauricio recebia diariamente cartas de crianças elogiando o seu trabalho. Nem os críticos, nem ele mesmo acreditavam no que estava acontecendo. No começo de sua carreira, quando ele ainda tentava se inserir nos jornais, costumavam rir dele, dizendo que seus desenhos nunca iriam emplacar e cair no gosto dos leitores. E, mesmo conquistando cada vez mais fãs, os críticos continuaram afirmando que isso era apenas passageiro e que Mauricio era ingênuo por achar que personagens nacionais triunfariam diante dos estrangeiros de sucesso, como Mickey, Pato Donald, Batman, Superman, Recruta Zero e outros.

Ainda diante de rejeições e críticas iniciais, Mauricio persistiu na ideia de criar uma turma de personagens que representassem a diversidade e a realidade do Brasil, acreditando em sua visão e no poder das histórias em quadrinhos como meio de entretenimento e educação. Com essa determinação, ele acabou conquistando leitores de todas as idades e se tornou um dos artistas mais amados do país, estendendo seu universo para além dos quadrinhos e alcançando sucesso no cinema, na internet e em diversas outras plataformas.

Hoje, a Turma da Mônica está no ranking das dez revistas mais vendidas no país. Mauricio é considerado um dos dez escritores mais admirados do Brasil, ao lado de autores como Monteiro Lobato, Jorge Amado e Machado de Assis. Por mês, a MSP vende cerca de 2 milhões de revistas em quadrinhos. Sem contar que o canal da Turma da Mônica no YouTube, atualmente com 19,1 milhões de inscritos, teve cerca de 3,6 milhões de visualizações por dia em 2016, tendo sido um dos três canais mais visitados da plataforma.

Além disso, Mauricio conseguiu estabelecer uma conexão duradoura com seu público, promovendo a inclusão, a educação e a valorização da cultura brasileira. É comum encontrar diversos fãs que hoje, adultos, reconhecem a importância dos gibis da Turma da Mônica na sua alfabetização, assim como no processo de aprendizagem dos filhos.

A CORAGEM DE IR, MESMO COM MEDO

O medo é uma emoção inerente à condição humana, uma resposta natural do nosso organismo diante de situações percebidas como ameaçadoras ou perigosas. Ele se manifesta de diversas formas, desde um leve desconforto até um intenso sentimento de apreensão. O medo tem a função de nos proteger, alertando-nos para possíveis riscos e desencadeando reações de defesa para lidar com a situação temida.

E é claro que com Mauricio não seria diferente. Quem vê de fora pode ter a impressão de que, apesar das dificuldades, em nenhum momento ele sentiu medo. É fácil se deixar envolver pela imagem de um homem sereno e destemido, cuja coragem parece inabalável, e acabar na ilusão de que pessoas bem-sucedidas jamais sentem medo. Na verdade, a diferença crucial reside na sua forma de lidar com essas emoções. Em vez de suprimir ou negar o medo, ele aprendeu a abraçá-lo como um sinal de que estava desafiando limites e se aventurando em território desconhecido.

Uma pesquisa realizada pela Escola de Negócios de Warwick,[2] no Reino Unido, descobriu que, para os empreendedores, o medo tem poder de motivar ações. Embora possa ser desconfortável e limitante, é importante reconhecê-lo como uma parte natural da vida e entender que nem todos os

---

2. https://www.napratica.org.br/medo-de-falhar-motivador-empreendedores/

medos são necessariamente prejudiciais. Em alguns casos, ele nos impulsiona a tomar precauções e a adotar medidas de segurança.

Mauricio passou por negociações perigosas, que poderiam interferir no seu sucesso e ser um gatilho para fazê-lo perder o controle do seu próprio negócio, mas foi isso que o levou a atingir patamares inimagináveis. Em 1965, quando aceitou de imediato a proposta de publicar livros pela primeira vez pela FTD, editora de livros didáticos, ele não imaginava o tamanho desafio que o aguardava. Precisou produzir três livros com mais de 60 páginas cada um em 45 dias. Mauricio não visualizou os obstáculos que teria para realizar essa difícil missão, o tempo que gastaria, como colocaria a equipe para trabalhar ou se ao menos isso seria possível. Ele só sabia que não poderia perder aquela oportunidade e que, a depender de sua paixão e obstinação de levar sua arte ao mundo, nada seria impossível.

E assim ele conseguiu escrever e ilustrar os três livros em tempo recorde. Com o dinheiro que recebeu (até então o maior pago pelo seu trabalho), conseguiu comprar um carro. Essa realização foi um marco na sua vida, porque ali ele teve a plena certeza de que poderia enfrentar qualquer obstáculo e fazer qualquer coisa que quisesse. Para um empreendedor de sucesso, o medo não é um vilão que rouba o sono, mas o combustível que o impulsiona a se levantar todas as manhãs.

Todas essas experiências marcaram profundamente o Mauricio de Sousa empresário. Em um documentário de 2009, dirigido por Renato Barbieri com o título *Mauricio de Sousa*, Victor Civita, renomado jornalista, empresário e fundador do grupo Abril, fala sobre Mauricio, com quem teve uma relação muito próxima, publicando diversos de seus gibis, ilustrações e histórias em quadrinhos. O jornalista comenta que Mauricio foi o melhor negociante que conheceu em toda a sua vida, e o mais persistente – e enfatizou que poucos artistas são bons negociantes.

A PACIÊNCIA PARA SONHAR ALTO

No mundo dos negócios, a persistência é uma qualidade essencial para o empreendedor. Ser capaz de enfrentar os desafios, superar obstáculos e manter a motivação mesmo diante das adversidades é o que diferencia aqueles que alcançam o sucesso dos que desistem no meio do caminho. E quando falamos de empreendedorismo, a visão de longo prazo é um elemento crucial nessa jornada.

A Turma da Mônica se tornou um fenômeno que deu a Mauricio o prestígio de ser o primeiro quadrinista com personagens nacionais a atingir enorme popularidade entre os leitores. Mas todo esse triunfo não veio da noite para o dia. Mauricio considera que levou 12 anos para alcançar o sucesso, quando finalmente ganhou o "Oscar" das histórias em quadrinhos, o Yellow Kid, uma renomada premiação na Itália. Ele foi ovacionado pela imprensa e, pela primeira vez na história, um autor de quadrinhos era tratado como celebridade no Brasil.

A paciência muitas vezes é uma qualidade que tendemos a subestimar ou até mesmo negligenciar. Mas ela nos permite aprender com os erros, ajustar estratégias e perseverar, mesmo diante de resultados iniciais insatisfatórios. A trajetória de Mauricio enfatiza a importância de celebrar cada pequena vitória ao longo do caminho, pois são elas que nos impulsionam a continuar avançando e construindo algo perene de forma significativa.

Estudando a origem da palavra *paciência*, descobrimos sua ligação com a capacidade de suportar as adversidades e perseverar diante delas. Essa palavra deriva do latim *patientia*, que significa "sofrer". Nessa perspectiva, a paciência revela-se como uma habilidade fundamental para o empreendedorismo.[3] De acordo com o dr. Jim Stone, em seu artigo para a *Psychology Today*, a impaciência é uma sensação de inquietação e desconforto que surge quando percebemos que o caminho para alcançar um objetivo é mais desafiador e demorado do que inicialmente imaginávamos.[4]

Quando estabelecemos metas, é natural criarmos expectativas sobre o processo e os resultados que desejamos alcançar, mas nem sempre a realidade corresponde às nossas expectativas – e é nesse ponto que a impaciência pode surgir. É importante compreender que a impaciência não é necessariamente uma emoção negativa, mas um sinal de que estamos enfrentando um desafio ou obstáculo que requer esforço e dedicação adicionais. Podemos utilizar a impaciência como uma fonte de energia para nos impulsionar a buscar soluções criativas e a adotar uma abordagem mais flexível. É preciso entender que cada passo adiante é um progresso, por menor que seja.

Mesmo tendo ganhado um dos prêmios mais importantes da cena, logo a notícia desapareceu. Mauricio não aumentou suas vendas nem fechou novos negócios, como esperava com a conquista desse prêmio. Por outro lado, apesar de nada extraordinário acontecer durante um período, seus personagens foram ganhando cada vez mais espaço e visibilidade no mercado internacional.

A essa altura, Mauricio já poderia muito bem se dar por satisfeito. Conquistou reconhecimento profissional e conseguia sustentar a família com

---

3. https://www.forbes.com/sites/forbesbusinesscouncil/2022/09/19/the-importance-of-patience-as-a-business-owner/
4. https://leaders.com/articles/business/patience-passion-connection/

sua arte, como sempre desejou. Porém, se deu conta de que não seria feliz se não continuasse concretizando suas ideias, que não paravam de desabrochar em sua mente criativa. A persistência não está restrita apenas a grandes realizações ou ambições profissionais. Ela se estende a todas as áreas, desde os relacionamentos pessoais até a busca pela felicidade e pelo equilíbrio.

Para um empreendedor, a visão de longo prazo é como um farol que guia suas ações e decisões. Mauricio teve a capacidade de enxergar além do imediato, de traçar metas e objetivos que vão além do curto prazo. E essa visão permitiu a ele antever tendências, identificar oportunidades e estabelecer um plano de ação consistente que o levou ao sucesso em um horizonte maior.

Desde o início de sua carreira, Mauricio teve uma clara compreensão de que suas criações não seriam passageiras. E essa visão de longo prazo tem sido o grande responsável por manter acesas as labaredas de seu legado.

CAPÍTULO 4

O Valor do Trabalho

E A CONSTRUÇÃO DE UM LEGADO

Antes de começarmos a nossa primeira entrevista, Mauricio me pediu um momento. Ele se sentou à sua mesa e começou a dobrar alguns papéis em branco. Demonstrei curiosidade e perguntei o que ele estava fazendo. Com um sorriso no rosto, ele respondeu: "Vou fazer uns rascunhos daqui a pouco".

Todos os dias, Mauricio acorda pensando em como manter em pé esse universo que construiu até agora, que ele apelidou de "castelo de cartas". Ele nunca para de trabalhar. Aliás, ele diz que a energia que depositamos no início de carreira deve ser a mesma até o final, porque precisamos estar preparados para nos adaptar às mudanças, que podem ser tão boas quanto desafiadoras. É como se todos os dias começássemos uma nova jornada.

Essa mentalidade começou a ser construída desde cedo. Para ajudar no sustento da família, seu pai o colocou para trabalhar como engraxate de sua barbearia, aos 6 anos. Seu Antônio nunca se cansou de arranjar empregos para ele, dizendo que era importante aprender a dar valor ao dinheiro e ao trabalho. Apesar de não gostar de nenhuma dessas ocupações, Mauricio já foi atendente em uma serraria, coletor de pedidos para um fabricante de bebidas e datilógrafo em uma cooperativa agrícola.

Nas horas vagas, Seu Antônio gostava de escrever poemas, compor músicas e realizar alguns trabalhos como jornalista – atividades que fazia por prazer, não por dinheiro. A barbearia era apenas um meio para obter sustento. Mesmo tendo uma alma de artista, ele compreendia que a vida é composta por diversas responsabilidades e que talento e paixão sozinhos não seriam suficientes para manter uma casa, sustentar sua família e investir em outras ocupações – embora tivesse o desejo de viver disso.

O que ele nunca conseguiu foi unir essas duas coisas. Ele tentou montar uma pequena gráfica nos fundos da barbearia, onde imprimia páginas de jornal encomendadas. Chegou a ter um livro de poesia, mas não conseguiu emplacar. Suas músicas eram realmente boas, mas também não pôde concretizá-las em um disco. Seu grande desejo era ser escritor e artista, compartilhar suas histórias e expressar sua visão única de mundo. No entanto, apesar de sua paixão e perseverança, ele nunca conseguiu transformar essas ideias em prática com o sucesso que almejava.

Apesar de seu pai ter sido um grande mestre, apresentando-lhe o mundo das artes e a importância do trabalho, Mauricio logo percebeu que faltava nele a estratégia e a confiança necessárias para dar vida às suas criações. Ao longo de sua jornada, Mauricio foi desenvolvendo essas grandes ideias, enquanto, de maneira inconsciente, se recordava das tentativas frustradas de seu pai. Por isso, quando começou a trabalhar em busca do seu objetivo de se tornar quadrinista, percebeu que precisava se dedicar e se aprofundar em seus objetivos para não acabar como seu pai, envelhecendo e sentindo-se frustrado. O lado negativo da experiência de seu Antônio, de certa forma, ajudou Mauricio a lutar com mais afinco para alcançar seus objetivos.

Isso foi um grande aprendizado herdado: você pode ter diversas ideias, sonhos e inspirações – e ter muito talento para concretizar cada um deles –, porém é necessário trabalhar com foco e planejamento, sabendo que a construção de um legado é um trabalho de formiga. Mauricio viu na área dos negócios uma oportunidade de expandir sua visão criativa e aplicar seu talento de forma diferente. Sua transição da arte para o empreendedorismo foi uma maneira de perpetuar um legado que unia sua paixão pelo desenho e um trabalho que o sustentasse.

Ao relembrar os primeiros passos da sua jornada como desenhista, Mauricio é levado de volta ao momento em que adquiriu sua primeira mesa de desenho. Ele me mostrou o original exposto em seu acervo aberto: a mesa era uma peça modesta, feita de madeira e inclinada. Na verdade, ela tinha uma história curiosa: originalmente, era utilizada no armazém local, por isso suas pernas do fundo eram mais compridas, para permitir que o funcionário escrevesse os documentos a uma altura conveniente. Por não dispor de recursos para comprar uma mesa de desenho legítima, adquiriu a que mais se aproximava de suas necessidades.

Essa modesta mesa tornou-se seu santuário criativo. Em um pequeno quarto de empregada de sua casa em Mogi das Cruzes, lá estava ele, desenhando obstinadamente na mesa improvisada. Embora simples, ela foi o ponto de partida para a realização de sonhos e para a expressão de sua paixão pelo desenho. Cada traço que ali Mauricio delineou foi um passo em direção à materialização das histórias que fervilhavam em sua mente. Era ali que ele se sentia imerso em um mundo de possibilidades.

Quantas vezes nos deparamos com jovens cheios de ideias e criatividade, prontos para conquistar o mundo, mas que ainda carecem do conhecimento essencial de como transformar suas visões em realidade? No cenário da vida atual, parece muito difícil surgir empreendedores e artistas visionários e sensíveis como Mauricio; será que não se faz mais gênios? A mentalidade agora é outra? Precisamos olhar para o mundo de hoje com cuidado, para não deixar que os problemas enfrentados enfraqueçam o glorioso espírito empreendedor e artístico.

Hoje, a cultura do imediatismo faz as pessoas quererem resultados instantâneos. De acordo com Douglas Rushkoff, professor de estudos de mídia na renomada The New School University, em Manhattan, essa cultura está intimamente ligada à abolição da ideia de futuro causada pelas mídias digitais.[5] Em 2018, o *Journal of Social and Clinical Psychology*[6] realizou um estudo mostrando que redes como *Facebook* e *Instagram* intensificam os sintomas da ansiedade.

Rushkoff argumenta que estamos presos em um estado de "presentismo", incapazes de olhar além do momento atual. Esse estado de constante estímulo e instantaneidade nos leva a perder a capacidade de planejar e refletir sobre o futuro. Além disso, no meio desse caos, as decisões acabam sendo tomadas sem muitas reflexões, considerando apenas a busca por resultados rápidos, e não suas possíveis consequências, que podem ser até piores em comparação a uma decisão tomada com uma visão de longo prazo.

E talvez essa ansiedade tenha sido causada por uma geração que foi criada com excesso de regalias – não por um erro cometido pelos pais, mas pelo mundo ao redor, com tecnologias que estão ao nosso dispor a qualquer momento e que em certa instância nos proporcionam uma qualidade de vida melhor. Já as gerações anteriores, como a de Mauricio, enfrentaram desafios maiores e tiveram que trabalhar arduamente para conquistar o mínimo necessário. Ao contrário da geração atual, eles não tiveram a mesma facilidade de acesso a tecnologias e privilégios, o que lhes conferiu uma mentalidade mais resiliente e perseverante.

---

5. https://escoladainteligencia.com.br/blog/cultura-do-imediatismo-tudo-ao-mesmo-tempo-e-agora/
6. https://capricho.abril.com.br/comportamento/a-adolescencia-do-imediatismo-esta-acabando-com-a-saude-mental-dos-jovens

Precisamos admitir que a tecnologia realmente nos trouxe benefícios, principalmente quando se trata de obter visibilidade para o nosso trabalho, democratização de acesso, maior alcance de pessoas, diversificação de público e facilidade: qualquer celular recebe nossos conteúdos. É verdade que ferramentas como o *TikTok* permitem que um indivíduo se torne famoso com um único vídeo. Porém, o sucesso alcançado dessa forma é também efêmero. É aquela máxima: "Tudo o que vem fácil, vai fácil".

O sucesso verdadeiro não está enraizado apenas em ferramentas externas, mas em nossa mentalidade. De acordo com o Fórum Econômico Mundial, as *soft skills* adequadas para o futuro do trabalho são a tolerância, a resiliência e a persuasão. Isso quer dizer que devemos deixar de lado o imediatismo se quisermos prosperar de verdade.[7]

É aqui que entra o valor do trabalho, fundamento que molda não apenas carreiras de sucesso efêmero, mas carreiras duradouras e eternizadas. No turbilhão dos tempos modernos, somos testemunhas de uma juventude vibrante e repleta de ideias inovadoras, mas é essencial que nos lembremos de algo crucial: o valor do trabalho. Como disse Thomas Edison: "Genialidade é 1% inspiração e 99% transpiração".

Assim como seu Antônio fez com Mauricio, dando-lhe diferentes empregos para aprender esse valor, é necessário orientar a nova geração a abraçar o poder transformador do trabalho. Em meio a tantas oportunidades e distrações, é fácil perder de vista o verdadeiro significado dele: o trabalho não é apenas uma tarefa árdua, mas um veículo que levará ao sucesso.

---

7. https://epocanegocios.globo.com/colunas/lifelong-learning/coluna/2022/12/a-cultura-do-imediatismo-e-o-impacto-no-desenvolvimento.ghtml

TALENTO E TRABALHO: UMA DUPLA IMBATÍVEL

Antes de se tornar ilustrador profissional, Mauricio havia aceitado trabalhar como repórter policial na *Folha da Manhã* para garantir ao menos o sustento de sua casa e sua família. Sua vida estava confortável, mas algo dentro dele começou a inquietá-lo: ele não estava feliz; desejava poder trabalhar com aquilo que realmente o preenchia. O desejo de seguir seu verdadeiro chamado artístico tornou-se cada vez mais forte. Foi então que ele tomou uma decisão corajosa e arriscada: abandonar a segurança e tentar a sorte de concretizar o seu sonho. Mauricio comenta: "Me afastei da vida de repórter para vender os clichês... mas foi combinado com o chefe e ainda tinha o emprego".

Mas essa escolha não veio sem sacrifícios. Seu casamento ficou abalado, a criação das filhas foi comprometida e o salário que passou a receber não era nem mesmo a metade do que recebia como repórter. Mauricio trabalhava incansavelmente, muitas vezes dormindo sobre pilhas de jornais, incapaz de voltar para casa enquanto havia tiras a entregar.

Começou com uma tira por dia, mas logo sua paixão e dedicação o levaram a criar duas, três, quatro diariamente, cada uma com personagens e histórias diferentes. Apesar dos desafios e dos preços pessoais que teve que pagar, ele encontrou a realização de seu sonho de trabalhar integralmente com aquilo que de fato fazia sentido para ele. Naquele momento, apesar das inúmeras dificuldades, Mauricio tinha a certeza de que esse era o preço que teria que ser pago para que um dia pudesse se tornar um artista bem-sucedido.

Seja na arte, seja em qualquer outra área, o talento é um presente valioso, uma chama interior que nos impulsiona a criar e expressar nossa visão única. No entanto, a vocação vai além das habilidades criativas: é preciso ser também um empreendedor. Afinal, não basta ter talento se não houver trabalho para levar nossas ideias ao mundo.

Como artistas, muitas vezes nos vemos imersos em nossa própria bolha criativa, focados apenas na busca da perfeição, mas devemos lembrar que nossas criações têm o poder de tocar e inspirar outras pessoas, e é por isso que devemos também depositar nossa energia em uma mentalidade empreendedora, na qual abraçamos o desafio de levar nossos trabalhos ao público e encontrar maneiras de monetizá-los para que nosso trabalho e criações se perpetuem.

As pessoas costumam falar de talento, de dom divino, mas Mauricio prefere um olhar mais pragmático. Para ele, apesar de ter uma veia artística, trabalho duro, processos e estratégia não são excludentes à arte, mas complementares. Ter conseguido tocar o coração do público com as suas criações advém do seu talento; mas o êxito de ter construído um império que se perpetuou durante 60 anos, se reinventando dia após dia e se mantendo flexível diante das transformações do mundo, é atributo de muito esforço e um trabalho árduo que nunca cessou.

O empreendedor reconhece que seu talento é um ativo valioso e busca transformá-lo em uma carreira sustentável. Portanto, se você quer ter sucesso com a sua paixão, é preciso ter uma estratégia adequada. Como você vai transformar isso em profissão? Onde você conseguirá recursos necessários? Você tem um plano B? Onde buscará ajuda? Por onde começará? E principalmente: quanto está disposto a não desistir?

O que difere um artista bem-sucedido de um que não conseguiu emplacar não é apenas a arte em si, mas a disposição de trabalhar e enfrentar todo e qualquer tipo de adversidade que vier pela frente. Como disse Tim Notke, treinador estadunidense de basquete: "O trabalho duro supera o talento quando o talento não trabalha duro".[8] Desde 1959, quando publicou a primeira tirinha na *Folha da Tarde*, Mauricio criou algo em torno de 50 mil tiras. Ele afirma que os prêmios e reconhecimentos que recebeu durante sua carreira nunca foram sua fonte de motivação, mas fruto do seu trabalho.

ENTRE PAIXÃO E TRABALHO

Ao adentrar o escritório de Mauricio, somos imediatamente transportados para um ambiente que foge do convencional. Repleto de bonequinhos da Turma da Mônica, pelúcias e um enorme quadro do "O tocador de Pífaro" com o Cebolinha, que foi uma das peças de sua famosa exposição "História em Quadrões", a sala não carrega a aura de uma empresa. É como entrar no quarto de um amigo, com pôsteres de bandas na parede, livros na estante e enfeites, que revelam sua personalidade e seus gostos. Ali, reconhecimentos, troféus e premiações dividem espaço com retratos da família, emanando uma sensação de intimidade e propósito.

Mauricio sai de sua sala, assobiando uma melodia descontraída. Ao descer as escadas, que são adornadas por uma série de quadros com capas de revistas da Turma da Mônica, tiras e fotos de família em uma linha do tempo,

---

8. https://www.entrepreneur.com/leadership/why-talent-alone-will-never-be-enough/247605

ele imita o som de um carro buzinando, um bibi bibi divertido, avisando que está chegando à sua equipe.

É evidente que ali o trabalho transcende a mera ocupação profissional. Ali, não se trata apenas de trabalho, mas de uma paixão ardente, uma razão de existir. Quando a chama da paixão e o propósito transcendem tudo, os esforços não têm limites. Trabalha-se como se a própria existência dependesse não apenas da empresa, mas da essência, do legado que foi concretizado em um negócio. Entretanto, o desequilíbrio nessa paixão pode arruinar muitas coisas. Um dos grandes aprendizados da vida de Mauricio foi equilibrar essa paixão pelo seu trabalho com as demais áreas de sua vida.

No auge do sucesso de seus quadrinhos na Folhinha e no Jornalzinho da Mônica, Mauricio, aos 31 anos, mergulhou de cabeça no trabalho. Em meio à demanda dos quadrinhos, ele sacrificou seu tempo livre, cometendo o erro comum de muitos empreendedores: colocar o trabalho acima de tudo, inclusive da própria família.

As consequências não tardaram a chegar, afetando profundamente o casal e sua relação com as filhas. A esposa de Mauricio à época, Marilene, deu-lhe um ultimato: se ele não mudasse, ela não mais desejaria continuar com ele. Ele concordou, mas falhou por continuar priorizando o trabalho. O resultado foi o pedido de separação de Marilene, que o mandou embora de casa. Mauricio passou um tempo em um pequeno hotel no centro da cidade, momento que ele afirma ter sido o mais triste de sua vida.

Apesar de tudo isso, uma coisa era certa: Mauricio jamais deixou de amar suas filhas. É que, como artista e empresário, ele teve que enfrentar um desafio imenso ao liderar sua empresa e ainda encontrar tempo para sua família. Gradualmente, dedicar-se à família se tornou um hábito valioso.

Esse acontecimento foi crucial para Mauricio conseguir encontrar um equilíbrio entre sua paixão pelos desenhos e pela carreira com a vida familiar.

O que motivou Mauricio nesses anos todos é algo muito maior. O trabalho é a sua vida, e ele afirma que isso não é sinônimo de exaustão e estresse, mas fonte de energia e motivação. O propósito é capaz de transcender as barreiras do trabalho convencional. Por isso, é importante mantê-lo aceso, como uma fogueira em que você precisa sempre jogar lenha e a qual deve abanar na direção certa para manter a chama acesa.

Assim como o empresário e o artista andam juntos, o pessoal e o profissional também: Mauricio vai para casa e continua trabalhando. Ele afirma que tem um apreço pela insônia, pois a falta de sono permite que ele explore as experiências que viveu no dia como insumo para suas criações. "A insônia é uma beleza para mim", costuma dizer. É nesses momentos que os rabiscos começam a surgir. A partir de esboços e fragmentos de ideias baseadas em suas vivências diárias, ele cria uma história, ou até mesmo duas, três...

Quando ainda estava no início da carreira, houve um dia em que Mauricio se sentou para fazer uma tirinha e as ideias simplesmente não apareciam. Até aquele momento, ter ideias, para ele, era como um poço sem fundo, de onde você pode sempre extrair água limpa. Mas, naquela hora, pensou que as trinta tiras que havia feito anteriormente haviam esgotado seu cérebro e que não conseguiria criar mais nada. Para espairecer sua mente, Mauricio saiu da redação e foi andar pelas ruas.

Ele percorreu a avenida São João e a praça da República, em São Paulo, observando tudo ao redor. Entrou no antigo Cine Metro para assistir a um filme, fez alguns rabiscos e saboreou um cachorro-quente em uma lanchonete, enquanto observava as pessoas passando, curioso sobre suas vidas e ações. Viu pessoas dormindo nos bancos, o vaivém da multidão, testemunhando uma infinidade de situações. O que ele não percebeu naquele momento foi que sua mente estava trabalhando a todo vapor, absorvendo e assimilando emoções e experiências que o atravessavam.

Mauricio voltou para a redação, mas com dúvidas: deveria continuar sendo desenhista? Sentou-se à sua mesa e começou a rabiscar novamente. Então, as ideias passaram a fluir. Estava escrevendo e esboçando, numa tacada só. Geralmente, quando criava as histórias, ele escrevia e desenhava simultaneamente, sem fazer um esboço separado para, depois, desenhar. Ele inseria os balões de diálogo, escrevia e desenvolvia a narrativa, tudo ao mesmo tempo.

Mauricio precisava preencher algumas páginas finais da revista que estava criando, e faltavam apenas oito delas. Assim, Mauricio desenhou sem parar durante toda a madrugada, até o dia amanhecer. Ao contar as páginas que havia feito, se deu conta de que eram exatamente as oito de que precisava. Isso acontecia com frequência, mas ele sempre ficava entusiasmado e, ao mesmo tempo, surpreso. Como era possível? Ele não contava as páginas enquanto criava, mas no final tudo se encaixava perfeitamente. Com o passar do tempo, as produções durante a madrugada diminuíram, mas Mauricio nunca deixou de acompanhar com obsessão apaixonada cada página produzida.

Aos 87 anos, mesmo tendo colecionado inúmeros reconhecimentos nacionais e internacionais e atingido há um tempo seu maior sonho de infância, Mauricio continua ativo. Ele ainda aprova as peças de arte que são produzidas no estúdio, anda pelos corredores do estúdio e da empresa observando o que está sendo feito, se mantém atento às novidades e às oportunidades, participa de reuniões e quer decidir junto à equipe os rumos da empresa.

Quando o criador da Ford, Henry Ford, disse que quem para de aprender é velho, seja aos 20 ou 80 anos, e quem continua aprendendo permanece jovem, ele não estava errado. Mauricio é a prova disso: ele nos ensina que a excelência é uma jornada contínua.

OS PERIGOS DA ESTAGNAÇÃO

Existem grandes produtores de conteúdo que são tão expressivos em seus números quanto a Turma da Mônica e que trabalham nos mesmos moldes que a MSP. Porém, a MSP, depois de 60 anos, ainda lidera o setor de revistas infantis e é considerada a maior provedora de conteúdo infantil nos dezenove setores diferentes, em todas as plataformas de comunicação e entretenimento (tira de jornal, revista, televisão aberta e a cabo, *streaming*, YouTube, cinema, parque de diversão, espetáculos teatrais, espaços temáticos, circo, exposições, museus) e no licenciamento de produtos (vestuário, calçados, material escolar, brinquedos, artigos de festas, artigos *pet*, alimentos, produtos *in natura*).

Então por que Mauricio de Sousa continua trabalhando faça chuva ou faça sol? Ele nos lembra que o verdadeiro sucesso é alcançado quando somos guiados pela nossa própria paixão e propósito, não apenas pela busca por reconhecimento ou competição contra os outros. Por exemplo, uma pesquisa encomendada pelo sindicato de professores de Brasília à Universidade de Brasília (UNB) trouxe à tona uma revelação impactante: os quadrinhos desempenham um papel fundamental no aprendizado e na fixação do conteúdo escolar. Por muito tempo, houve críticas de que os quadrinhos eram apenas uma distração para os alunos. No entanto, os resultados do estudo mostraram que os estudantes em fase de letramento que tinham acesso a quadrinhos apresentaram um desempenho escolar até 50% superior em relação aos que não tinham essa exposição.

Outra pesquisa, realizada pelo *Datafolha*[9] (2017), revelou que 85% dos brasileiros concordam que os gibis da Turma da Mônica incentivam a leitura de livros de modo geral; 80% consideram que as revistas em quadrinhos têm um papel importante na alfabetização das crianças no Brasil; 64% concordam que os gibis da Turma da Mônica ajudaram seus filhos a aprender a ler. A linguagem visual presente nas histórias em quadrinhos, combinada a narrativas cativantes, desperta a imaginação e o interesse dos alunos, facilitando a assimilação e a fixação do conhecimento. Os quadrinhos têm sido vistos como aliados na formação educacional, proporcionando aos estudantes uma maneira divertida e eficiente de adquirir conhecimentos e desenvolver habilidades linguísticas e cognitivas.

Diante de tantos resultados positivos na vida dos brasileiros, Maurício afirma que se sente realizado sabendo que seus personagens têm uma relevância na sociedade quando são utilizados na escola ou em campanhas institucionais de saúde e educação para conscientizar as crianças de temas importantes. Além disso, afirma que seu maior patrimônio é a conexão emocional que tem com seus leitores.

É assim que estabelecemos relações sólidas com o público. Ao oferecer produtos ou serviços de qualidade, baseados em confiança e comprometimento, conquistamos sua fidelidade e reconhecimento. Essas conexões

---

9. Pesquisa *Datafolha* realizada de 7 a 9 de março de 2017, com 2.100 entrevistas, distribuídas em 130 municípios brasileiros.

são essenciais para a construção de um negócio perene, que se mantém relevante e competitivo no mercado. Além disso, de acordo com a Harvard Business Review,[10] a retenção de clientes, em média, é muito mais benéfica para as empresas do que outros fatores, pois é o maior gerador de receita, ficando à frente de aquisição, inovação de produto e promoção paga.

É como um relacionamento: se você para de cuidar dele e de se dedicar a ele, a relação acaba. A manutenção constante é essencial para manter esse vínculo, sobretudo na era digital, em que tudo se transforma a cada segundo, fazendo com que o interesse e a atenção do público se tornem voláteis.

Quando uma empresa alcança certo nível de sucesso, é comum que uma sensação de conforto e segurança se instale. No entanto, é crucial compreender que o mundo dos negócios é dinâmico e em constante evolução. Permanecer estagnado na zona de conforto pode levar ao esquecimento e à obsolescência em um mercado competitivo. Ainda que a empresa seja líder no setor, as portas se fecham para o desenvolvimento de soluções para novos problemas que advêm de um mundo em constante transformação, se essa empresa se contenta com os resultados atuais.

A acomodação é um estado de conforto que pode ser tentador. Mas, enquanto você relaxa em sua zona de conforto, seus concorrentes estão avançando a todo vapor, prontos para ultrapassá-lo em um piscar de olhos. Em pouco tempo, eles podem oferecer novos serviços, tecnologias inovadoras e soluções. Se você não estiver constantemente se adaptando e buscando melhorias, corre o risco de ficar para trás e ser esquecido.

---

10. https://www.octaneai.com/blog/customer-relationships

O fracasso de uma empresa é uma consequência natural desse ciclo de estagnação. É preciso estar atento às mudanças do mercado, às demandas do público e às tendências do setor; deve-se buscar sempre maneiras de melhorar e se reinventar, para se manter frente à concorrência, e continuar estimulando a criatividade e a busca por soluções. Na prática, vale citar a sensibilidade do Mauricio às demandas de uma nova geração e um novo público; por exemplo, o aumento de representatividade e inclusão de novos personagens. É aquela velha máxima: o mais difícil não é chegar ao topo, mas permanecer lá. Ainda mais quando não há uma concorrência aparente, é fácil cair na tentação e acomodar-se em nossas conquistas.

Uma das dicas que os pesquisadores de um estudo publicado no *Journal of Positive Psychology*[11] dão a quem luta para sair da zona de conforto é se expor às novas experiências e tentar algo novo, para que cada vez mais estimulemos os "músculos de crescimento". Isso faz com que fiquemos mais confiantes em nos expor aos riscos e nunca nos contentemos com o conforto.

Tudo isso nos ensina que é preciso lembrar que a verdadeira competição reside em superar nossos próprios limites e alcançar nosso potencial máximo. Nunca se acomode nas conquistas passadas e mantenha-se vigilante para nunca se esquecer do propósito que o levou até o topo.

No entanto, é importante ressaltar que não se trata apenas de superar a concorrência ou se tornar o "melhor" em tudo. O objetivo é buscar o sucesso exercendo sua paixão e oferecendo valor ao seu público. A busca por novos objetivos não deve ser impulsionada apenas pela competição,

---

11. https://forbes.com.br/forbessaude/2023/01/como-sair-da-zona-de-conforto-psicologa-da-dicas/

mas pela vontade de crescer, evoluir e fornecer produtos e serviços cada vez melhores. Mauricio costuma dizer: "Eu abro uma nova empresa todos os dias". Ou seja, pergunte-se sempre: se fosse abrir uma empresa hoje, mudaria alguma coisa? O que faria de diferente?

TEMPO E TECNOLOGIA: UMA CONCORRÊNCIA UNÂNIME

Nos dias atuais, nossas produções artísticas têm como maiores concorrentes o tempo e a tecnologia. No passado, por exemplo, as histórias em quadrinhos eram um produto popular e acessível, mas agora disputam espaço com inúmeras opções de entretenimento, como *streamings*, YouTube e jogos, tudo disponível na palma da mão por meio de *smartphones*, e nem sempre esse consumo é de qualidade. As crianças têm agendas apertadas, entre escola, tarefas, atividades extracurriculares e outras distrações, o que dificulta a competição dos gibis pelos momentos de lazer.

O mercado editorial brasileiro no geral enfrenta um cenário desafiador, conforme aponta uma pesquisa realizada pela Nielsen. O setor registrou uma preocupante queda de 39% em 16 anos.[12] Os dados revelam uma realidade preocupante para o universo literário no país, evidenciando uma mudança de hábitos dos brasileiros quando se trata do tempo livre e de entretenimento.

---

12. https://www.correiodopovo.com.br/arteagenda/
mercado-editorial-encolhe-39-em-16-anos-aponta-pesquisa-da-nielsen-1.850971

O livro *Retratos do Brasil 3*,[13] resultado de pesquisas conduzidas pelo Instituto Pró-Livro, traz informações relevantes sobre o comportamento do público em relação à leitura. Os resultados mostram que, em vez de dedicarem seu tempo à leitura, 85% dos entrevistados afirmam preferir assistir à televisão, enquanto 52% optam por ouvir música como forma de entretenimento. A falta de interesse na leitura foi apontada por 78% dos entrevistados como uma das principais razões para o baixo consumo de livros. Além disso, a falta de tempo foi citada por 50% dos participantes como um fator limitante.

Mesmo sendo de uma geração que nem sonhava com a criação da internet, Mauricio não ficou restrito aos gibis de papel. Consciente dos interesses de seu público, ele quis aprender e tentar novas formas de se comunicar com públicos leitores e levar sua mensagem. A transição da Turma da Mônica para o mundo digital ilustra perfeitamente a importância da adaptação no contexto empresarial. A marca soube se reinventar ao investir na criação de canais no YouTube, como o canal oficial da *Turma da Mônica*, alcançando um público internacional e conquistando milhões de visualizações mensais.

Fato é que novas tecnologias surgem, as demandas dos consumidores mudam e as tendências do mercado se transformam. Segundo o pesquisador de mídias Douglas Rushkoff, na cultura do imediatismo a velocidade das mudanças atuais impede que possamos pensar no futuro de maneira tradicional, uma vez que tudo pode se transformar em questão de segundos, fazendo com que nossas estratégias se tornem obsoletas de um dia para o

---

13. https://www.dicyt.com/noticia/
novas-tecnologias-mercado-editorial-e-padrao-de-leitura-no-brasil

outro.[14] E a adaptação é um processo contínuo que requer uma mentalidade flexível e aberta. A MSP precisou conquistar um espaço relevante nas plataformas digitais para reforçar ainda mais o interesse do público em seus produtos e a presença dos seus personagens no imaginário das crianças.

Por mais que tudo esteja caminhando bem, o risco pode chegar a qualquer momento, e é preciso estar preparado com algumas saídas, alguns remédios e principalmente com mínimas condições financeiras. Portanto, não tenha medo de abandonar antigas práticas e modelos de negócio que não mais se encaixam no cenário atual, porque, no final das contas, o que determinará a longevidade do seu negócio é a sua disposição em continuar trabalhando para manter a chama do seu legado acesa.

Mauricio ainda tem grandes ambições, como internacionalizar os seus produtos, expandir ainda mais sua arte mundo afora e ganhar relevância em outras culturas. Ele sabe que isso pode custar alguns recursos significativos. "Vou ter que inventar dinheiro para poder fazer isso", brinca. Eu digo que pode dar um trabalhão danado, e ele responde de prontidão: "Lógico que sim! Ainda bem! Tem coisa para aprender toda hora e todo dia".

Haja fôlego para tanto trabalho, realizações e metas para o futuro, pensei. "Eu já saquei, nunca parar", disse eu quando Mauricio fez uma pausa para beber água depois de falar durante quinze minutos ininterruptos. E ele logo confirmou a minha constatação: "A cabeça não para! Uma vez que você começou e fez tudo isso aqui, você tem que alimentar, modernizar, ver quais tecnologias estão surgindo, para não ficar atrasado". Ele diz que

---

14. https://escoladainteligencia.com.br/blog/cultura-do-imediatismo-tudo-ao-mesmo-tempo-e-agora/

a inovação não é um objetivo, é a sua natureza, e ele atribui essa característica à sua mente de artista, que sempre está em busca de uma nova criação que vá mudar algo no mundo. Ele acredita que a ânsia de evoluir é algo natural quando se tem uma paixão – o que, no final das contas, torna todo esse processo prazeroso.

Estar atualizado possibilita a identificação de lacunas no mercado em que novas ideias e soluções podem ser introduzidas, atendendo às necessidades do público de forma inovadora. A importância de estar atento às tendências também se relaciona à capacidade de se antecipar às demandas do mercado.

Ao identificar precocemente mudanças nas preferências do consumidor ou nos avanços tecnológicos, os empreendedores podem se posicionar como pioneiros, oferecendo produtos ou serviços inovadores que atendam às expectativas dos clientes. Essa visão estratégica permite conquistar uma fatia de mercado significativa antes que os concorrentes o façam, garantindo uma posição de destaque e crescimento sustentável.

Além disso, estar antenado às tendências possibilita a identificação de oportunidades de expansão e diversificação dos negócios. Ao compreender as mudanças no comportamento do consumidor ou as demandas emergentes, os empreendedores podem identificar áreas adjacentes, em que sua experiência e expertise podem ser aplicadas de maneira bem-sucedida. Essas oportunidades de expansão podem levar a aumento de receita, maior visibilidade da marca e fortalecimento da posição no mercado.

Consciente da importância de se manter atualizada, a MSP abraçou diversas oportunidades, desde a criação do site da Mônica, em 1996, com a popularização dos computadores, há mais de 20 anos, até a produção de animações para canais infantis de TV. Assim que as redes sociais chegaram ao Brasil, a MSP não perdeu tempo em estabelecer sua presença e, em 2012, criou um perfil oficial da Turma da Mônica para cada rede social e tem neles forte presença, números expressivos e muita produção de conteúdo. Além disso, também foi criado um perfil profissional para o próprio Mauricio poder estar mais perto de seu público. Foram criados também aplicativos móveis com jogos para crianças, com o intuito de garantir presença também nos *smartphones*.

A geração Z representa uma parcela significativa dos consumidores e, como nativos digitais, serão eles que impulsionarão ainda mais as mudanças no mercado. De acordo com a Fast Company, até 2020 essa geração representava 40% de todos os consumidores. O estudo da Nielsen mostra que o uso de smartphones é cada vez mais comum, com 64% de consumidores usuários, mostrando porcentagens variando em: 48% quando se trata de acesso a redes sociais, 39% para entretenimento (39%), 18% para assistir a conteúdos online e 41% para realizar compras virtuais.[15]

No cenário empresarial brasileiro, a inovação ainda é um desafio que demanda avanços significativos. Embora tenhamos registrado alguns progressos, os números revelam que ainda há um longo caminho a percorrer. De acordo com a Pesquisa de Inovação (Pintec), realizada pelo Instituto Brasileiro de Geografia e Estatística (IBGE) em 2017, apenas 33,6% das 116.962 empresas brasileiras com dez ou mais trabalhadores realizaram algum tipo de inovação. No entanto, uma pesquisa conduzida pelo Índice Cesar de Transformação Digital (ICTD), em 2020, traz boas perspectivas, mostrando que as empresas brasileiras estão amadurecendo sua capacidade de inovar.

---

15. https://rockcontent.com/br/blog/transformacao-digital/

Nesse estudo, constatou-se que cerca de 23,7% dos entrevistados afirmaram que a Transformação Digital se tornou a prioridade máxima na gestão de seus negócios.[16]

No estúdio da MSP, ocorreu uma transformação significativa, substituindo as pranchetas tradicionais por computadores de última geração. Essa modernização da infraestrutura permitiu a criação de um dos maiores sucessos da MSP: a *Mônica Toy*, no YouTube. Em um desafio ambicioso, Mauricio convocou o renomado animador José Marcio Nicolosi para criar um curta-metragem animado que pudesse ser distribuído globalmente, sem barreiras de idioma. O resultado foi impressionante, com a animação alcançando números surpreendentes de visualizações em todo o mundo: mais de 4,5 bilhões, até 2023!

Caminhando pelos corredores enquanto ouvia Mauricio falar entusiasmado sobre seus projetos, de repente vejo seu cão de estimação, o Bidu, que apareceu vestindo um lenço amarelo no pescoço. Ao vê-lo, Mauricio exclamou: "Oh, Bidu!", e imediatamente o cãozinho veio em nossa direção abanando o rabo. Mauricio explicou que ele já é a quarta geração de "Bidus", e brinca, dizendo que o cãozinho adora trabalhar no seu estúdio. Parece que não é apenas Mauricio que ultrapassa gerações e continua dedicado ao trabalho.

---

16. https://blog.ibmec.br/conteudo-gratuito/inovacao-nas-empresas/

CAPÍTULO 5

O Valor da Felicidade

E O ENCONTRO COM UMA VIDA PLENA

"Eu não sei ser infeliz", responde Mauricio prontamente quando pergunto sobre o valor da felicidade para ele. Ele ri da própria resposta não porque estava fazendo uma piada ou sendo irônico, mas talvez porque ele sabe que para muitas pessoas essa afirmação está distante de suas percepções. Digo "percepção" porque felicidade é subjetiva, relativa e individual. Para aqueles que não conhecem sua trajetória de vida, essa resposta pode parecer presunçosa, como se tudo tivesse sido fácil ou ele quisesse esconder as suas fraquezas, porque, embora cada um tenha uma ideia particular sobre o que é ser feliz, muitas vezes a felicidade está associada a um objeto, um lugar, uma pessoa, uma meta a ser alcançada e aos acontecimentos puramente positivos.

Mas aqueles que sabem de todos os percalços pelos quais ele passou entendem que Mauricio só alcançou o sucesso atual porque sua percepção de felicidade sempre esteve calcada na perseverança e gratidão. E essa visão independe de quaisquer fatores externos, seja sob o sol escaldante, seja sob a chuva incessante. Quando o sol brilha, Mauricio contempla a beleza do dia e expressa gratidão pelo que possui. Quando a chuva cai, ele não tenta lutar contra a natureza ou desafiar o que está além de seu controle; em vez disso, vai atrás de uma saída. Afinal, há quem deteste a chuva, mas há também quem veja beleza nas gotas que caem do céu.

Como ele mesmo definiu: "Eu não sei desistir de alguma coisa. Eu vou brigar para que ela se transforme em algo palpável com consequência boa". Quem o vê hoje nem imagina que no passado distante ele já teve acessos de raiva que o fizeram perder o controle, partindo um lápis ao meio, lançando o telefone contra a parede, virando a mesa e espalhando objetos pelo chão. Durante décadas, Mauricio vivenciou momentos de insônia, nervosismo e inquietação.

Essa já não é mais sua mentalidade. Ele costuma dizer que faz muito tempo que não sabe o que é perder a calma, pois passou a encarar os problemas com serenidade e clareza, compreendendo que reações emocionais como a raiva não são úteis.

É preciso aceitar que existem eventos que fogem do nosso controle, situações que escapam de nossas mãos como um pássaro livre no céu. Mas, ao percebermos que temos o poder de moldar nossas respostas, adquirimos uma nova perspectiva, uma vez que a forma como reagimos aos desafios e adversidades é o que verdadeiramente importa. Então, em vez de nos debatermos contra a maré, podemos escolher a postura de um navegador habilidoso. Nem sempre podemos escolher o destino, mas podemos direcionar o curso do barco que nos leva a ele.

Lembre-se: não temos o controle absoluto sobre o que nos acontece, mas possuímos o domínio pleno de como reagir a cada situação. É nessa força de escolha que encontramos o poder de transformar nossa jornada e moldar nosso destino. "Não há motivo para se estressar com algo que mais cedo ou mais tarde será resolvido de algum jeito", diz Mauricio.

Aqui, gostaria de pontuar algo interessante que notei durante toda a entrevista com ele: a simplicidade com que esse senhor de 87 anos, cheio de vivências grandiosas, expressa seus conhecimentos. Enquanto muitas pessoas buscam espetáculos de *coaches* cheios de frases de efeito e sonoplastia na busca por motivação, suas frases simples nos fazem lembrar do óbvio. Suas palavras nos fazem refletir sobre o que já sabemos, mas muitas vezes negligenciamos em meio ao turbilhão de informações e estratégias complicadas. Mauricio de Sousa nos traz de volta à essência. Ele nos lembra que o sucesso não está necessariamente em soluções mirabolantes, mas na compreensão profunda dos princípios fundamentais e na aplicação consistente dessas práticas.

Sua serenidade é notável em suas interações com colegas de trabalho, familiares e fãs, sempre mantendo uma postura calma e amigável. Ao conversar com ele, somos envolvidos por uma atmosfera calorosa e acolhedora, e a sensação é de camaradagem. Cada encontro com ele era uma oportunidade para desfrutar de uma boa companhia e compartilhar risadas. Era como se sentar para tomar um café com um avô sábio e, quando você se dá conta, já é noite e você emerge dessa conversa inspirado e cheio de aprendizados sobre a vida.

Com um sorriso sempre presente no rosto, Mauricio tem a habilidade de transformar qualquer ambiente em um lugar alegre e divertido, e é claro que o estúdio da MSP é a materialização disso. Lá é um daqueles lugares que transmitem a sensação de ser mágico, como quando as crianças do filme *A fantástica fábrica de chocolate* conhecem o empreendimento de Willy Wonka. Ao entrar nesse espaço, somos imediatamente envolvidos por um ambiente colorido, que reflete fielmente o espírito de seu criador. Os corredores são preenchidos com ilustrações vibrantes e personagens icônicos que ganharam vida nas páginas dos quadrinhos ao longo dos anos. É impossível não se encantar. Cada detalhe, desde as cores vivas nas paredes até a disposição dos materiais de trabalho, reflete o desejo de trazer alegria e entretenimento para crianças e adultos.

UMA MENTE FELIZ É UMA MENTE FLEXÍVEL

Mauricio sempre repudiou violência ou qualquer ato de agressão. Desde cedo, observava atentamente as atitudes de seu pai, que se envolvia o tempo todo em desentendimentos com os patrões. A rigidez e a intolerância diante das adversidades impactavam negativamente sua carreira profissional, gerando mais conflitos e rupturas de relações que poderiam ser benéficas para o negócio. Foi assim que Mauricio aprendeu sobre a importância de dialogar e preservar relacionamentos, sobretudo nos momentos de desentendimento ou discordância de opinião.

Ele compreendia que a verdadeira sabedoria não consiste apenas em defender suas próprias ideias, mas em estar disposto a explorar novos caminhos e perspectivas. O sucesso do empreendedor não se limita a ser obstinado em suas convicções, mas em ter a humildade e a abertura para considerar alternativas e aprendizados que pudessem levar ao crescimento.

Essa mentalidade aberta e receptiva era impulsionada pela compreensão de que a busca pela felicidade e pelo sucesso não está atrelada à necessidade de estar sempre certo, mas em abraçar novas ideias, perspectivas e aprendizados. Ele sabia que a rigidez de pensamento poderia ser um obstáculo ao crescimento não só profissional, como também pessoal.

Um estudo conduzido por pesquisadores da Universidade de Cambridge[17] revela que a flexibilidade cognitiva é crucial no mundo dos negócios, especialmente para empreendedores, já que ela permite que eles coloquem os desafios em novas perspectivas, tomem decisões adequadas para se adaptar a cada situação e mantenham um equilíbrio psicológico diante de possíveis adversidades. Também foi descoberto que os distúrbios neurológicos ou psiquiátricos afetavam o circuito cerebral responsável pela tomada de decisão,

---

17. https://www.clarehall.cam.ac.uk/news/cognitive-flexibility-the-science-of-how-to-be-successful-in-business-and-at-work/

e, quando esse circuito se torna disfuncional, ocorre rigidez de pensamento e dificuldade de adaptação.

Os estudos de Michael Freeman, pesquisador da Universidade da Califórnia, revelam que a possibilidade de empreendedores terem transtornos mentais é 50% maior em comparação a outras pessoas. Já os pesquisadores da Universidade de Tecnologia de Swinborne [18] mostram que eles estão mais suscetíveis a uma obsessão exacerbada. Ou seja, a tendência obsessiva, aliada às responsabilidades e tensões inerentes à gestão de um negócio, pode levar a uma série de dificuldades emocionais, como Transtorno de Ansiedade Generalizada (TAG), estresse e depressão.

A busca incessante por ter razão pode criar tensões e ressentimentos, afetando negativamente os vínculos pessoais e profissionais. Por outro lado, ao optar pela felicidade, estamos dispostos a ceder, a compreender diferentes pontos de vista e a encontrar soluções que tragam satisfação mútua. Ao desapegar da necessidade de provar que estamos sempre certos, evitamos o estresse e a ansiedade decorrentes de discussões e conflitos desnecessários.

UM BOM MARINHEIRO

Ao navegar em mares turbulentos, Mauricio se tornou um bom marinheiro. Após percorrer um caminho repleto de experiências e aprendizados, chegou à conclusão de que as coisas mais importantes na vida estão intrinsecamente ligadas à família, à simplicidade, à solidariedade e ao amor.

---

18. https://researchbank.swinburne.edu.au/file/c3e53410-3982-417d-b01a-0bfce58c07bf/1/Rosemary%20Fisher%20Thesis.pdf

À família, porque o seu laço familiar é a base sólida e o ponto de equilíbrio, além de desempenhar um papel vital em sua carreira, influenciando suas criações e valores.

À simplicidade, porque, para ele, muitas vezes as coisas mais significativas estão nas pequenas e singelas manifestações cotidianas, como curtir a madrugada para criar ou apenas para pensar na vida, ficar sozinho e em silêncio, passar horas lendo e ouvindo música, assistir ao nascer e ao pôr do Sol e contemplar a natureza.

À solidariedade, porque Mauricio compreendeu que contribuir para um mundo melhor com sua arte é uma atitude que traz satisfação e plenitude.

Por fim, ao amor, por ser a força motriz que impulsiona todas as coisas importantes na vida: amar e ser amado e cultivar relacionamentos saudáveis, tanto com famílias e amigos quanto com o público fã de seus trabalhos.

Esses princípios ficam visíveis em seus trabalhos, como o conceito do Parque da Mônica, que valoriza a combinação de segurança e prazer, priorizando a simplicidade e permitindo que as crianças brinquem descalças, como forma de trazer de volta a sensação de quintal. Além disso, para que elas usem sua própria energia e imaginação, o parque priorizou durante muito tempo apenas brinquedos sem motores. Essa descoberta da importância da simplicidade, aliada ao movimento infantil e ao resgate das brincadeiras do quintal, moldou o conceito único do parque.

Apesar dos grandes investimentos necessários e dos riscos possíveis, em 12 de outubro de 2022 foi inaugurado o novo parque temático da MSP: Vila da Mônica, em Gramado (RS). O parque foi uma iniciativa privada em parceria com a MSP. A Vila da Mônica possui 30 atrações para crianças de todas as idades. Ambientado no cenário da turminha, o parque conta com a casa da Mônica, do Cebolinha e do Cascão, e com muitos brinquedos, atrações e personagens fantasiados. O parque foi construído em um complexo de 25 mil m² e é uma imersão no cenário irreverente criado por Mauricio de Sousa. A Vila da Mônica tem capacidade para receber até 2 mil pessoas por dia e teve investimento de 75 milhões. A ideia é que a família passe o dia inteiro no parque, por isso o espaço oferece opções saudáveis, com restaurantes vegetarianos, veganos e dietas especiais.

Mauricio afirma que se sente feliz e realizado por ter conseguido criar um espaço seguro para as crianças. Suas próprias revistas oferecem momentos de alegria e escapismo. Mauricio sente grande satisfação com o amor das crianças por seu trabalho e suas revistas, mas também destaca a apreciação dos pais e avós, especialmente porque muitos deles cresceram em uma época em que histórias em quadrinhos eram consideradas negativas.

Sua dedicação se intensifica ao considerar a sensibilidade do público com o qual trabalha, especialmente as crianças, entendendo a responsabilidade que carrega ao influenciar essa audiência. Sua abordagem otimista continua a inspirar gerações de leitores. Mauricio vê a felicidade como algo contagiante e capaz de transformar vidas.

PROPÓSITO: A FORÇA MOTRIZ DA FELICIDADE

A alegria de Mauricio reside não apenas no reconhecimento e no carinho do público, mas também na realização de seus sonhos de infância. Ele sempre soube que os desenhos eram seu destino, e poder viver essa paixão diariamente é uma fonte constante de felicidade.

A verdadeira felicidade, segundo ele, está em fazer o que se ama e compartilhar essa paixão com o mundo. Ele se alegra ao receber o carinho e a gratidão do público, sabendo que suas criações trouxeram momentos de diversão e inspiração para milhões de pessoas ao redor do mundo. Por meio de suas histórias, busca promover valores positivos, amizade, respeito e amor, entendendo que esses são elementos fundamentais para a felicidade em qualquer contexto.

Quando Mauricio mergulhou na história de grandes profissionais do setor, a fim de compreender como alcançaram suas realizações e superaram obstáculos, ele percebeu que muitos desenhistas enfrentaram infelicidade devido à falta de controle sobre seus próprios trabalhos, uma vez que os direitos autorais eram frequentemente tomados e pirateados. A falta de autonomia dos artistas, imposta pelos sindicatos da época, os deixava impotentes diante das negociações e da comercialização de suas próprias criações.

Mauricio frisa a importância de preservar os direitos autorais e a liberdade criativa. Em outras palavras, não importa em qual ramo você atua: se não tiver controle daquilo que construiu, que é fonte inesgotável de uma felicidade que advém da realização de um propósito, você nunca encontrará uma vida plena em sua profissão. E a felicidade é o combustível que impulsiona a criatividade e alimenta a alma. Ao tornar o mundo um lugar mais feliz por meio de sua arte, ele encontra uma satisfação profunda e duradoura que só pode ser alcançada quando se vive em sintonia com sua verdadeira paixão.

Ser um empreendedor feliz e encontrar uma vida plena não é uma tarefa fácil, especialmente quando se enfrenta desafios e dificuldades no caminho. Mas Mauricio nos ensina que é possível alcançar a felicidade e a plenitude, mesmo em meio às adversidades, porque ela jamais deve ser a linha de chegada, mas uma jornada contínua.

O primeiro passo para ser um empreendedor feliz é ter clareza sobre seus objetivos e valores. Conhecer sua paixão e seu propósito permitirá que você encontre significado em seu trabalho e mantenha-se motivado, mesmo nos momentos mais difíceis. Defina metas realistas e mantenha o foco em sua visão, lembrando-se constantemente do impacto positivo que você deseja causar no mundo.

Quando nos distanciamos do propósito, corremos o risco de nos perder em meio às demandas diárias e às pressões externas, o que pode resultar em insatisfação e desconexão. Relembrar constantemente os porquês nos permite avaliar nossas escolhas e prioridades, garantindo que estejamos investindo tempo e energia naquilo que nos traz verdadeiro significado. Isso nos ajuda a evitar desperdiçar energia em situações que não contribuem para nossa felicidade e o bem-estar. Quando nos reconectamos com nosso propósito, sentimos uma sensação de alinhamento e plenitude, o que fortalece nossa motivação e alegria de viver.

Além disso, um empreendedor feliz também valoriza o equilíbrio entre trabalho e vida pessoal. Em 2022, a Organização Mundial da Saúde (OMS) passou a reconhecer a síndrome de Burnout – esgotamento físico e mental devido ao estresse – como uma doença do trabalho. Uma pesquisa realizada em 2019 pela Harvard Business Review [19] revelou que cerca de 16 bilhões de dólares são perdidos anualmente devido a problemas emocionais e

---

19. https://hbr.org/2019/10/research-people-want-their-employers-to-talk-about-mental-health

psicológicos no ambiente laboral. Outro estudo da Harvard[20] analisou 326 empreendedores estadunidenses, a maioria proprietários de empresas com menos de 250 funcionários, e apontou que 25% deles enfrentam os primeiros sinais de Burnout.

Mauricio costuma dizer que o caminho da felicidade é ter saúde, teto, comida, família e perspectivas. Então, é importante também dedicar um tempo para cuidar de si, descansar, se divertir e passar momentos com a família e os amigos. Precisamos saber estabelecer limites saudáveis para evitar o esgotamento e nos permitir desfrutar das coisas que nos trazem alegria fora do trabalho. Ser um empreendedor feliz e encontrar uma vida plena não é algo que diz respeito apenas ao sucesso financeiro, mas a encontrar um equilíbrio entre realização pessoal, satisfação no trabalho e bem-estar geral.

Outro aspecto importante refere-se a construir uma rede de apoio sólida. Cerque-se de pessoas positivas, motivadas e que compartilhem dos mesmos valores, e encontre um ambiente de suporte e inspiração. Essas conexões nos proporcionam um senso de pertencimento, o que fortalece nossa autoestima e nos motiva a continuar progredindo.

AQUILO QUE SE CONCENTRA SE EXPANDE

Com sua obra e vida, Mauricio nos ensina a celebrar cada conquista, por menor que ela seja, e reconhecer nossos pequenos progressos do dia a dia,

---

20. https://www1.folha.uol.com.br/mpme/2019/03/atras-do-sucesso-empresarios-sao-o-alvo-mais-facil-do-burnout.shtml

pois a gratidão é um poderoso combustível para a felicidade. Descobertas científicas têm lançado luz sobre a relação entre a gratidão e o bem-estar. Um estudo realizado pelos pesquisadores Robert A. Emmons, da Universidade da California, e Davis e Michael E. McCullough, da Universidade de Miami,[21] propôs explorar essa conexão fundamental. Os participantes foram divididos aleatoriamente em três grupos: um grupo de dificuldades, um grupo de gratidão e um grupo neutro. Semanalmente, os participantes foram instruídos a escrever sobre suas experiências. O grupo de dificuldade deveria listar até cinco situações irritantes da semana anterior, enquanto o grupo de gratidão deveria agradecer por cinco coisas em suas vidas. Já o grupo neutro deveria escrever sobre quaisquer acontecimentos, positivos ou negativos.

Após um período de dez semanas, os pesquisadores observaram que os participantes que mantiveram o diário de gratidão apresentaram menor número de consultas médicas e maior nível de atividade física em comparação aos outros grupos. No entanto, o resultado mais significativo foi a melhoria do otimismo: eles demonstraram maior satisfação geral com a vida, perspectivas mais positivas e uma sensação de conexão mais forte com os outros.

A gratidão aumenta a autoestima, fortalece o senso de pertencimento e estabelece laços mais sólidos com a comunidade, inclusive no que se refere ao desejo de melhorar o bem-estar dos outros. A gratidão tem o poder de nos energizar, curar e trazer esperança em tempos desafiadores. Estudos modernos da atividade cerebral demonstram que ela gera efeitos positivos no córtex pré-frontal, a região responsável pela tomada de decisões.

---

21. https://greatergood.berkeley.edu/pdfs/GratitudePDFs/6Emmons-BlessingsBurdens.pdf

Um estudo publicado na revista *Cereb Cortex*, da Oxford University Press,[22] utilizou ressonância magnética para investigar a base neural das emoções e sua ligação com valores sociais. A gratidão foi associada ao aumento dos neurotransmissores serotonina e dopamina, responsáveis pela sensação de prazer. Dessa forma, quanto mais cultivamos pensamentos positivos e gratos, mais saudáveis e felizes nos tornamos.

Muitas pessoas bem-sucedidas adotam a prática de manter um diário de gratidão. No caso de Mauricio, podemos considerar que seu "diário de gratidão" nada mais é do que suas próprias criações. Sempre que se sentava para escrever uma história, havia uma preocupação latente em transmitir valores importantes para as crianças. Nesse sentido, suas ideias estão profundamente conectadas aos sentimentos positivos, sendo essa a sua forma de expressar gratidão.

Independentemente da abordagem escolhida, manter um diário de gratidão, seja na mente, seja no papel, é uma obrigação para aqueles que desejam se tornar líderes positivos, pois aquilo em que nos concentramos tende a se expandir. Assim, o diário de gratidão oferece uma maneira excepcional de direcionar nossa atenção para as coisas boas pelas quais somos gratos, permitindo que elas se ampliem em nossa mente.

Mesmo com todo o sucesso e reconhecimento alcançados ao longo de sua carreira, Mauricio permanece com os pés no chão e uma humildade admirável. Suas inspirações vêm dos pequenos prazeres e momentos de alegria. Apesar de ser uma figura icônica e ter criado um império dos quadrinhos, ele nunca perdeu a conexão com suas raízes e sempre conservou uma abordagem acessível e próxima do seu público – afinal, manter-se conectado a

---

22. https://www.ncbi.nlm.nih.gov/pmc/articles/PMC2733324/

um propósito e cultivar a paixão são elementos fundamentais para alcançar a felicidade plena.

Mauricio compreende que ter uma vida plena não é ter uma vida perfeita, mas é aprender a lidar com os altos e baixos, os tropeços e os recomeços. A busca incessante pela perfeição pode levar a uma constante insatisfação. Estudos[23] mostram que o perfeccionismo em todas as esferas pode ter consequências negativas para a saúde mental e física, incluindo ansiedade e depressão. Mauricio entende que nem sempre as coisas sairão como planejamos, mas isso não significa que não possamos encontrar alegria e propósito no caminho. Em suas criações, ele sempre buscou transmitir mensagens de aceitação e valorização das imperfeições.

A Turma da Mônica, por exemplo, ensina aos leitores que é nas diferenças e nos desafios que encontramos as verdadeiras lições e experiências que enriquecem nossa jornada. Do mesmo jeito que Mauricio se relaciona com a sua arte, ele acredita que a felicidade está nas experiências genuínas e nas conexões humanas, e não na busca por uma perfeição utópica.

Uma característica marcante de Mauricio é a forma como ele recebe as pessoas, sempre com um sorriso no rosto. Ele ri de si mesmo, não tem medo de expor suas próprias imperfeições e enxerga valor em compartilhar essas histórias com os outros. Sua capacidade de se conectar com as pessoas por meio de suas criações e de sua própria personalidade é inspiradora e nos lembra da importância de valorizar as experiências simples e genuínas que tornam a vida tão especial.

23. http://archive.boston.com/news/health/articles/2009/03/02/when_perfectionism_becomes_a_problem/

CAPÍTULO 6

O valor da Gestão

SEM PERDER A INTUIÇÃO

Foi em um dia qualquer, quando Mauricio estava concentrado em suas criações, que seu pai, com um olhar orgulhoso, se aproximou e compartilhou algumas palavras que ecoariam em sua mente pelo resto da vida: "Filho, estou observando que você está se encaminhando para a arte. Faça o seguinte então: você desenhe de manhã, e à tarde administre o que está fazendo".

Aquelas palavras, pronunciadas de maneira despretensiosa, foram como sementes lançadas sobre terra fértil. Mauricio as acolheu e, de maneira quase inconsciente, passou a trilhar um caminho estratégico, adotando uma abordagem profissional em sua produção, se preocupando com prazos e orçamentos ao mesmo tempo que contribuía com as despesas da casa. É importante refletir que Mauricio começou a trabalhar desde criança e já ajudava a pagar o aluguel de sua casa. Diante disso, o quadrinista ressalta que eram outros tempos e que a MSP apoia diversas campanhas contra o trabalho infantil. Aos poucos, ele abraçou uma abordagem mais madura, entendendo que o talento não bastava por si só. A partir daquele momento, Mauricio começou a assumir o controle administrativo e responsável de sua produção artística.

Enquanto grandes ilustradores brasileiros que tiveram fama no passado perderam visibilidade no imaginário do público ao longo do tempo, Mauricio atravessou gerações, conquistando ainda mais adeptos, e assim permanece relevante até os dias atuais. O mérito, no entanto, não é apenas de sua arte em si, mas sobretudo de sua visão empreendedora. A grande diferença está no fato de que esses ilustradores eram artistas, enquanto Mauricio se tornou um artista empreendedor.

De acordo com o National Endowment for the Arts, apenas 25% dos graduados em escolas de arte afirmaram ter recebido algum tipo de treinamento em negócios durante sua formação. Isso significa que impressionantes 75% dos artistas não se sentem preparados para identificar seu mercado-alvo e gerenciar funções comerciais básicas, como precificação, contratos e marketing efetivo. Para muitos empreendedores artísticos, o marketing em particular se destaca como um dos maiores desafios a serem enfrentados.[24]

De modo geral, não é todo mundo que tem o privilégio de ter pais, professores ou qualquer figura educacional presente desde cedo que mostre que é possível transformar a paixão em uma fonte de renda e, uma vez transformada, manter esse castelo de cartas. No Brasil, o ensino de empreendedorismo ainda é uma realidade distante para a maioria dos estudantes. De acordo com o Global Entrepreneurship Monitor (GEM), em uma lista de 54 países, o Brasil ocupa apenas a 50ª posição quando se trata da presença do empreendedorismo nas escolas, sendo que apenas 15% de crianças e jovens brasileiros frequentam escolas particulares, onde o empreendedorismo tem mais chances de ser ensinado. Enquanto isso, a maioria dos estudantes de escolas públicas torna-se carente dessa importante formação.

Não aprendemos nas escolas a como administrar um negócio – não que devamos aprender desde cedo sobre finanças ou gestão em seus mínimos detalhes, mas é importante plantar uma semente empreendedora. Os processos são importantes, é claro, mas ter uma mentalidade é o primeiro passo, uma porta de entrada para um lugar onde tudo é possível: aprender, desenvolver e colocar em prática tudo o que você quiser.

---

24. https://askwonder.com/research/main-pain-points-creative-artists-entrepreneurs-painters-illustrators-graphic-2hkq129mi

A gestão desempenha um papel fundamental na história de sucesso da MSP, principalmente quando falamos de perenidade e concorrência. Mauricio não apenas criou histórias cativantes, mas também pensou em como expandir sua arte em escala, compreendendo a importância de estabelecer uma estrutura sólida, capitalizar suas criações e descentralizar o processo criativo. Essa abordagem foi, de certa forma, semelhante à estratégia adotada pela Disney, nos Estados Unidos, e teve uma ressonância significativa.

Mas implementar essa visão não foi uma tarefa fácil. Ele teve que arcar com custos consideráveis, pois imagine só um autor que decide compartilhar suas histórias e permitir que outros artistas criem dentro do universo que ele mesmo criou! Além disso, Mauricio teve que desafiar o paradoxo de preservar a sua arte em um lugar intocável, sagrado e valorizado pelos críticos intelectuais para expandi-la para o universo *mainstream* e transformá-la em produto atrativo e uma fonte de receita lucrativa. Isso exigiu uma mudança drástica e corajosa, mas mostrou-se fundamental para o sucesso contínuo da MSP.

Assim como é marcado por desafios e crises políticas, executivas e jurídicas, o empreendedorismo também enfrenta crises pessoais.

Os episódios decisivos na carreira de Mauricio foram precedidos pela sua gana em buscar sempre pelo melhor, que, para ele, nunca foi gastar a fortuna viajando para as mais belas praias, mas continuar na caça por novas oportunidades. Suas escolhas determinantes encontram-se alicerçadas em sete pilares estratégicos: a descentralização do negócio, o licenciamento de produtos, a proteção dos direitos autorais, a compreensão do seu público, o contato direto com ele, a internacionalização e a constante inovação.

A CORAGEM PARA DESCENTRALIZAR O NEGÓCIO

Em determinado momento de sua trajetória, Mauricio se deu conta de que a estrutura familiar que até então sustentava sua empresa não seria mais suficiente para enfrentar os desafios crescentes, sobretudo com a incursão no mercado de licenciamentos. Embora a família continuasse desempenhando papéis relevantes, o estúdio passava por uma transição de grande importância, na qual Mauricio se via perdendo o controle.

Para elevar o grau de profissionalismo e adaptar-se às transformações em curso, ele compreendeu que seria necessário abrir mão de sua criação artística para concentrar-se nos aspectos comerciais do negócio. Dessa forma, ele permitiu que outros profissionais criassem em seu nome, a fim de acompanhar o ritmo acelerado do estúdio. Foi um momento crucial, em que ele identificou a oportunidade certa para passar o bastão, confiando a continuidade de sua obra a uma equipe talentosa. Essa transição representou a entrega de um legado valioso, uma arte que já havia conquistado amplo reconhecimento e admiração.

Em um mundo em constante mudança e com demandas cada vez mais complexas, a descentralização permite que as empresas se adaptem de forma ágil e eficiente, ao mesmo tempo que capacita seus colaboradores a tomar decisões estratégicas e impulsionar o crescimento. De acordo com um artigo da *Harvard Business Review*, as empresas que adotam uma estrutura descentralizada são capazes de liberar seus executivos de tarefas operacionais rotineiras, permitindo que eles dediquem tempo e energia a trabalhos de maior valor agregado. Isso significa que os líderes têm a liberdade de se concentrar em questões estratégicas e no desenvolvimento de novas oportunidades, em vez de gastar todo o seu tempo apagando incêndios diários.[25]

Mauricio mais que duplicou a equipe de desenhistas e contratou mais funcionários para a área financeira e administrativa. Ao reconhecer as lacunas que existiam no processo administrativo, Mauricio buscou cercar-se de profissionais competentes para mitigar essas limitações.

Quem tem diversas ideias e quer colocá-las em prática, como os artistas, costuma trabalhar de forma independente, sem ter uma rede de apoio que pode ajudar. Uma pesquisa intitulada CEO *Snapshot Survey*, publicada na *Harvard Business Review*, revelou que metade dos CEOs entrevistados relatou já ter experimentado sentimentos de solidão em sua posição de liderança. A pesquisa também revelou que 61% dos líderes entrevistados perceberam os impactos negativos da solidão em seu desempenho profissional. Outro estudo, realizado pela Cambridge Satchel Company, no Reino Unido, destacou o isolamento como um dos principais desafios enfrentados por eles.

No mundo empresarial altamente competitivo de hoje, uma das estratégias mais eficazes para otimizar os processos é se equipar de profissionais capacitados, distribuindo a tomada de decisões e a autoridade por toda a organização e permitindo que as pessoas certas estejam nos lugares certos, tomando decisões oportunas e relevantes. Assim, a descentralização permite que as decisões sejam tomadas mais próximas da realidade operacional, levando a soluções mais adaptadas às necessidades do mercado. Esses profissionais trazem consigo conhecimentos especializados e experiências diversificadas, o que é essencial para enfrentar desafios de diversas naturezas.

---

25. https://hbr.org/2017/12/when-to-decentralize-decision-making-and-when-not-to

Mauricio reconhece que descentralizar algo que construímos não é uma decisão simples – não porque demanda um esforço redobrado para reorganizar a estrutura, mas porque toca em nosso ponto mais sensível: o ego. Mauricio não diz com essas palavras, mas a Síndrome do VOA (Vaidade, Orgulho e Arrogânia),[26] presente no vocabulário do mundo dos negócios, é um grande problema para muitos executivos, não importa o tamanho de suas empresas. A VOA é capaz de afetar os resultados da empresa pela incapacidade dos empreendedores de admitir seus pontos fracos e, mesmo quando isso acontece, de mudar, não ouvindo ninguém e insistindo sempre em se manter como está.

Imagine levar o negócio à ruína só porque você não quer sentir a dor de ter seu ego ferido? É preciso ter humildade para reconhecer que não temos expertise em todas as áreas e que não é possível controlar tudo; a habilidade de delegar funções e conceder autonomia a profissionais capacitados é uma estratégia inteligente, que poupa tempo e energia para que possamos nos concentrar naquilo que realmente importa e no que fazemos de melhor.

LICENCIAMENTO: ESTRATÉGIA PARA O FORTALECIMENTO DA MARCA

Mauricio entendia que pegar a arte e transformá-la em negócio era um processo desafiador. Até então, o licenciamento de personagens era uma prática do seu lado empreendedor, mas distinta da arte em si. No campo do entretenimento, era necessário criar um universo atrativo e que transmitisse valores

---

26. https://mentoressa.com.br/cuidado-sindrome-do-voa-vaidade-orgulho-arrogancia-vai-destruir-o-seu-negocio/

significativos, capazes de dialogar com as aspirações, ansiedades e angústias das pessoas e que servisse de amparo para que elas continuassem navegando em sua jornada. E os produtos eram a materialização desse universo.

Era preciso buscar parcerias, colaborações e plataformas para exibir e comercializar o trabalho. E isso implicaria promover suas criações, construir uma rede de contatos e aprender habilidades relacionadas a marketing e negócios. Na época, o licenciamento era visto como algo negativo e recebia muitas críticas, ainda mais quando se tratava de transformar criações artísticas em produtos ou peças publicitárias, com intuito de aumentar a venda de uma marca. Diziam que essa prática corrompia a essência da arte.

Os primeiros gerentes que ocuparam as áreas administrativas e comerciais da MSP eram adeptos a essas críticas. Mas Mauricio acreditava no *modus operandi* de Walt Disney, que capitalizou sua arte, ocupou diversas plataformas e tornou tudo isso uma fonte inesgotável de receita. Mauricio defendia seus argumentos tendo como base um pensador e economista francês chamado François Quesnay, que percebeu que o ganho constante de pequenas quantias poderia ser mais benéfico do que uma única operação fabril para acumular grandes lucros. Ou seja, ao se tornar um licenciado e ganhar pequenas quantias repetidamente, em vez de buscar acumulação de riquezas em uma única empreitada, poderia desfrutar de uma renda estável e sustentável.

Foi nesse momento que ficou evidente o grande impulso que teve ao adotar o licenciamento de produtos, o que lhe permitiu ganhar por meio dos *royalties*, ao mesmo tempo que evitava investir seu próprio dinheiro, optando por envolver outras pessoas nos negócios. Mauricio estava disposto a ganhar menos em troca de ter seus produtos em vários pontos de venda.

Mas, afinal, o que é o licenciamento?

É um acordo entre duas empresas, o licenciador e o licenciado. O licenciador é aquele que possui uma propriedade intelectual, como uma marca ou personagem, e aluga esse direito para o licenciado. Esse acordo é feito com termos e condições específicos. Para se tornar um licenciador, é preciso atender a alguns requisitos importantes, como ter uma marca forte e reconhecida no mercado, ter produtos ou serviços relacionados, um controle de qualidade eficiente, uma estratégia de licenciamento bem definida e uma rede de contatos e parcerias. É bom lembrar que esses requisitos podem variar dependendo do setor em que a empresa atua. Além disso, é fundamental que a linha de produtos esteja alinhada à marca e ao público-alvo.

O licenciamento oferece uma série de benefícios significativos para quem deseja expandir sua presença e fortalecer sua marca. Primeiramente, o licenciamento permite que a marca alcance novos mercados e públicos de forma mais rápida e eficiente. Ao conceder licenças para o uso da propriedade intelectual, como logotipos, personagens ou designs, a empresa pode expandir sua presença geograficamente e explorar segmentos de mercado que talvez não conseguisse alcançar por conta própria. Além disso, oferece a oportunidade de diversificar o portfólio de produtos, contribuindo para o crescimento da receita, bem como para a consolidação da marca como uma referência em diferentes áreas.

Outro benefício importante do licenciamento é a possibilidade de aumentar a percepção de valor da marca. Ao associar sua marca a produtos licenciados de alta qualidade, a empresa pode reforçar a confiança e o prestígio dos consumidores. Isso cria uma sinergia positiva, em que a reputação e o sucesso dos produtos licenciados contribuem para fortalecer a imagem da marca principal. Segundo a estimativa da Associação Brasileira de Licenciamento de Marcas e Personagens (Abral), um produto licenciado tem um giro em média 30% maior, podendo alavancar até a patamares maiores do que o similar não licenciado.

Naquela época, havia preocupações plausíveis a serem consideradas, por isso Mauricio foi extremamente cauteloso durante todo o processo de licenciamento, desde ceder seus personagens apenas para marcas que atendessem às necessidades das famílias até exigir que seus personagens não fossem descaracterizados e que não tivessem nenhuma fala direta ao incentivo à compra.

O primeiro licenciamento nasceu em parceria com uma fábrica de gravatas, em 1967. A empresa, chamada Duplex, na época a maior fabricante de gravatas da América do Sul, estava em busca de algo inovador, e foi então que o filho do proprietário procurou Mauricio com uma proposta: criar algo único em conjunto. Naquela época, ocasionalmente, chegavam do exterior pequenas e leves peças de plástico com adoráveis formatos de animais. Eram tão leves, que poderiam ser pendurados na parede, decorando o quarto das crianças. Foi nesse momento que Mauricio teve a ideia de criar personagens utilizando o processo conhecido como *Vacuum Form*.

Esboçou os modelos em 3D e recortou o plástico, dando forma e textura às figuras que saltavam da parede. A leveza daquelas peças prometia um resultado encantador, e não demorou para conquistarem o coração de todo o Brasil. Logo, decorar a parede com os produtos *Vacuum Form* tornou-se um hábito difundido por todo o país.

Certo dia, enquanto percorria os corredores de um supermercado, Mauricio se deparou com uma lata de extrato de tomate da renomada Cica, uma das principais indústrias de alimentos do país. Naquela embalagem, estava estampado um elefante. Aquele simples símbolo despertou uma ideia em sua mente empreendedora. Afinal, ele também possuía um elefante peculiar em seu universo criativo, o Jotalhão. Mauricio então decidiu criar uma brincadeira: nas páginas do jornal da *Folha*, publicou uma tirinha em preto e branco, composta por um único quadro, em que Mônica puxava um elefante pela tromba, enquanto Cebolinha comentava: "Não sei, não... Mas acho que sua mãe pediu foi massa de tomate!". Mauricio tem esse olhar de retratar os hábitos cotidianos e recorrentes nas famílias em algo chamativo e expressivo. Ao ver a tirinha, o publicitário Enio Mainardi entrou em contato para negociar o uso do personagem Jotalhão em um de seus comerciais para a marca. E assim, no ano de 1969, surgiu o icônico símbolo do elefante na embalagem do molho de tomate, antes mesmo do gibi da Mônica.

O licenciamento tornou-se um negócio fundamental para a MSP. Com mais de 4 mil produtos, Mauricio unifica sua marca em uma oferta diversificada. Ao visitar um supermercado, é possível encontrar uma infinidade de produtos estampados com a Turma da Mônica, tudo isso sem que ele precise desembolsar milhões de reais para promover sua obra e sua marca. A divulgação da marca ocorre por meio da mescla entre eficiência das equipes de assessoria, equipe criativa e eventos, com a ajuda das empresas parceiras que anunciam os produtos.

Um dos seus maiores retornos financeiros surgiu com as maçãs da Turma da Mônica. É como se as frutas brotassem no próprio quintal de Mauricio, tamanho o apego que as pessoas nutrem por esses produtos. Além do retorno financeiro, há o compromisso social de 30% dos produtos alimentícios serem *in natura* – compostos por frutas, legumes e verduras. Dessa forma, a MSP expressa o esforço em estimular a alimentação com esses produtos nas famílias brasileiras. De acordo com uma pesquisa do *Datafolha* realizada em 2017 com 2.100 entrevistas distribuídas em 130 municípios brasileiros, 93% dos brasileiros conhecem os produtos da Turma da Mônica, 83% já compraram e 81% têm uma imagem positiva da marca.

Assim, Mauricio se tornou imbatível em termos de visibilidade e, consequentemente, criou uma experiência única para as pessoas, seja no entretenimento, seja nos produtos que fazem parte de seu universo e que passaram a fazer parte também do dia a dia dos brasileiros.

PERSONAGENS INEGOCIÁVEIS

Nos Estados Unidos, o mundo dos desenhistas profissionais era dominado pelos *syndicates*, organizações que não apenas distribuíam, mas também detinham os direitos de suas obras. Essa parceria poderia ser uma oportunidade única para ganhar visibilidade, uma vez que, se várias publicações se interessassem por seus trabalhos, a fama poderia se espalhar rapidamente, ultrapassando fronteiras e conquistando reconhecimento internacional.

No entanto, há um aspecto preocupante nesse modelo. Quando assinavam contratos com os *syndicates*, os desenhistas perdiam o controle sobre suas próprias criações. Os *syndicates* possuíam o direito exclusivo e muitas vezes tomavam decisões baseadas no seu próprio benefício, sem considerar o bem-estar financeiro e criativo dos artistas originais. Muitos desses profissionais se encontraram em situações desfavoráveis, incapazes de recuperar seus direitos e de gerenciar suas fontes de receita, o que os levou à falência.

Diante dessa situação, Mauricio estava determinado a não cair nas garras alheias dos sindicatos e a manter o controle de suas criações. Mesmo que o caminho para o sucesso fosse mais longo, ele não queria pegar atalhos. Mauricio dedicou-se a estudar e compreender os processos necessários para registrar seus personagens e marcas. Desde o início, destinava um quarto do pouco de dinheiro que recebia por suas criações para registrar seus personagens.

Ceder os direitos autorais de sua marca pode apresentar algumas desvantagens importantes. Uma delas é a perda do controle sobre como sua marca será utilizada e comercializada. Ao ceder os direitos autorais, você está transferindo o poder de decisão para terceiros, o que pode resultar em uma perda de identidade e direção estratégica, levando a situações em que a marca é utilizada de formas que não estão alinhadas a seus valores e objetivos.

Além disso, você está permitindo que outras empresas ou indivíduos usem sua marca em diferentes contextos e produtos. Isso pode levar à confusão no mercado, pois sua criação pode ser associada a produtos de qualidade inferior ou até mesmo a práticas comerciais questionáveis. Isso pode prejudicar sua reputação e impactar negativamente a percepção dos clientes em relação à qualidade e autenticidade de seus produtos ou serviços.

Em situações como licenciamento, por exemplo, havia um grande contrato com uma agência de publicidade e uma grande marca. Mauricio tinha receio de como poderiam alterar as características dos personagens, como os traços faciais e o comportamento deles. Conversou com o diretor da agência e nomeou uma pessoa para ser a vigia dos personagens. E nunca houve problema. Foram mais de 50 desenhos.

Um estudo que analisou cerca de 5 mil empresas revelou que, após a rodada de investimentos, os fundadores retêm em média apenas 45% da propriedade total do seu negócio e muitas vezes são obrigados a ceder um controle significativo do conselho administrativo, sendo quase metade deles expulsa de suas próprias empresas ou removida do cargo de CEO.[27]

Diversos fatores contribuem para essa situação. Muitos empreendedores não têm conhecimento especializado em áreas jurídica e financeira, o que os torna vulneráveis diante dos acordos. Já os investidores e financiadores se aproveitam dessa situação e apresentam contratos complexos e desfavoráveis.[28]

Até hoje, a cada novo contrato ou negociação, por menor que seja, Mauricio não fecha o acordo até sentir-se completamente seguro de que seus direitos autorais estão plenamente protegidos. Sua abordagem cautelosa e incansável determinação garantiram que ele permanecesse no comando de seu próprio destino artístico.

Enquanto Mauricio me explica todo o processo do licenciamento e sua trajetória empreendedora por esse universo, me ocorre um questionamento: teria ele alcançado tanto sucesso se não fosse pelo licenciamento? Essa indagação reflete a perenidade dos personagens que ele havia criado e o impacto que eles exerciam nas diferentes gerações.

Um exemplo desse contraste é o emblemático Menino Maluquinho, de Ziraldo. A editora Melhoramentos e o autor têm um contrato de

---

27. https://www.entrepreneur.com/leadership/how-to-protect-and-retain-control-over-your-business/365464
28. https://minutes.co/5-tips-to-avoid-getting-fired-from-the-company-you-started-from-a-founder/

exclusividade, desde 1980, o que limita o uso do personagem por outros parceiros comerciais. Até 2017, a parceria gerou mais de seis milhões de exemplares vendidos.

Foi por isso que a MSP deixou a editora Globo, que publicava toda a sua produção. A exclusividade dos livros foi um dos motivos que impulsionaram essa decisão. Com a mudança, Mauricio redirecionou os quadrinhos para a editora Panini, sua nova casa editorial, e a MSP conquistou a liberdade de trabalhar com diferentes editoras para a publicação de livros. Esse movimento estratégico permitiu a produção de mais de 500 títulos, com mais de 20 milhões de exemplares vendidos, por meio de parcerias com mais de 25 editoras. Para Mauricio, era uma convicção inegociável: ele jamais gostou de ter pessoas à sua volta que limitassem sua visão e ação empreendedora. Sua determinação em manter sua autonomia e não ser controlado foi fundamental para sua jornada de sucesso.

Há alguns anos, um grupo empresarial propôs um aporte financeiro significativo na MSP, seguido por uma abertura de capital. Os valores eram impressionantes: 2 bilhões de dólares! No entanto, Mauricio tomou uma decisão corajosa ao rejeitar essa proposta, como já havia feito com outras de mesma natureza. O motivo? Ele não estava disposto a abrir mão do controle do grupo, principalmente dos núcleos de criação de conteúdo.

Muitos poderiam acreditar que, ao capitalizar seus personagens, Mauricio poderia acabar se cansando, perdendo o entusiasmo, mas isso não aconteceu. Pelo contrário, ele demonstrava uma paixão contínua pelo seu trabalho. Continuou expandindo, transformando, modernizando e transmitindo sua arte adiante, mantendo intacta sua filosofia.

CONHEÇA O SEU PÚBLICO

A genuinidade dos personagens da Turma da Mônica teve um impacto positivo no público. A turminha conquistou credibilidade por retratar personagens com quem as pessoas conseguem se identificar. Mauricio enfatiza a importância de não ser hipócrita na criação de personagens ou mensagens que serão transmitidas por meio da marca. A Turma da Mônica é autêntica, porque os personagens são como crianças reais, que cometem erros e têm desejos. É assim que as crianças se reconhecem nesse universo. E o público percebe quando praticamos verdadeiramente os valores que estampamos em nossas marcas.

De acordo com uma pesquisa realizada pela *Global Consumer Pulse*, da Accenture Strategy,[29] que entrevistou 30 mil consumidores ao redor do mundo, sendo 1.564 brasileiros, 83% dos consumidores brasileiros preferem consumir produtos de empresas que defendem propósitos alinhados ao que eles acreditam. Ou seja, empresas que têm comprometimento com causas e transmitem um valor para a sociedade para além dos seus produtos ou serviços têm mais chances de atrair consumidores – tanto que 65% afirmaram que já deixaram de consumir uma marca por "trair suas crenças".

É necessário alimentar esse universo de forma responsável para que as pessoas possam se encontrar e se relacionar com ele. O objetivo da MSP sempre foi criar um universo coeso. Se a turma da Mônica come maçã, melancia, sorvete, chocolate e macarrão instantâneo, é porque esses são os alimentos que fazem parte do dia a dia de uma criança. A empresa já foi muito criticada

---

29. https://exame.com/marketing/brasileiros-marcas-valores-pessoais/

por ser vista apenas como os "vendedores de macarrão instantâneo"; no entanto, se formos analisar, os personagens só são relevantes porque as crianças conseguem reconhecer neles outra criança, que age como tal. E esse é o segredo. A Magali, por exemplo, é uma personagem crível, porque gosta de comer, principalmente frutas, como a melancia, algo com que as crianças se identificam. O importante é sempre buscarmos um equilíbrio entre o que é autêntico para o público-alvo e as expectativas sociais. Assim, criamos um sentimento profundo com as pessoas.

Quando alguém de sua equipe sugere a criação de determinado produto, Mauricio costuma dizer: "Olha, podemos criar qualquer produto, desde que você se sinta confiante e confortável para levá-lo para a sua casa". Ele também sempre considerou a perspectiva do personagem: "Ele faria isso? Se fizer sentido para você e estiver alinhado com os personagens, podemos levar esse produto adiante". E, se surgirem dúvidas em relação ao comportamento dos personagens, ele questiona: "Você gostaria que seu filho fizesse isso?".

Mauricio costuma brincar aconselhando os roteiristas a terem filhos, porque isso permite que eles enxerguem o mundo através dos olhos das crianças e compreendam suas perspectivas. Mas, se você não tem filhos, a sugestão é observar as crianças da família, do condomínio, dos arredores. Ele acredita que elas são agentes de mudança e que os artistas têm a responsabilidade de se tornar catalisadores desse processo.

Agora, como avô e bisavô, ele também está tendo novos *insights* valiosos, como adequações de linguagens e gestos. Ele reconhece que suas criações têm um impacto direto na vida das pessoas, especialmente das crianças. Portanto, todo esforço é válido para garantir que cada produto e história se mantenha alinhado com os valores que ele incorpora e transmita uma mensagem positiva.

O empreendedor, como uma antena, tem a responsabilidade de ser sensível para captar essas nuanças. É como uma esponja, que vai absorvendo experiências, ações e personalidades que podem se tornar matéria-prima e fonte de inspiração. Ao se colocar no lugar do consumidor, você ganha uma perspectiva privilegiada. Pense como eles, sinta suas necessidades e entenda seus problemas. Isso permitirá que você tome decisões mais informadas e alinhadas às expectativas do seu público-alvo. Ao agir dessa maneira, você estará construindo uma relação de confiança com seus clientes, mostrando que se importa genuinamente com eles.

MANTENHA O CANAL ABERTO

No início de sua carreira como artista, a intenção do Mauricio não era necessariamente a de criar desenhos para o público infantil. Dentro do seu universo, ele explorou diversas temáticas, incluindo histórias voltadas para o público adulto. Nico Demo, por exemplo, conhecido por seu espírito polêmico, foi um personagem muito popular quando foi lançado, e Mauricio brinca dizendo que o personagem foi demitido pela *Folha* devido ao seu conteúdo adulto em uma figura infantil.

No entanto, o destino lhe reservou surpresas, e o público escolheu seu próprio caminho. Ao longo do tempo, as coisas foram se moldando naturalmente, direcionando-o para as crianças. O sucesso e a aceitação nessa direção foram inegáveis, mas Mauricio sempre teve consciência de que seu conteúdo também era apreciado por adultos. Ele compreendeu que sua arte reverberava no público e encontrou ali uma oportunidade de conquistar seu sustento financeiro.

Outra mudança surpreendente foi o fato de os leitores guiarem a configuração do universo que ele criou, por exemplo elegendo Mônica como a líder do grupo, substituindo personagens anteriores, como o Cebolinha. Embora os primeiros personagens de Mauricio tenham sido Bidu e Franjinha, ele percebeu que a Mônica tinha um apelo maior, uma demanda crescente e uma conexão mais forte com o público. Foi assim que ele decidiu, na década de 1970, que a primeira revistinha seria dedicada exclusivamente a ela, estabelecendo a base para o fenômeno da Turma da Mônica.

O compromisso de Mauricio sempre foi estar onde o público estava, e sua abordagem artística refletia isso. Ele compreendeu a importância de adaptar-se ao público-alvo, sempre buscando alcançar os lugares nos quais suas criações teriam maior impacto. Ele aprendeu a ouvir as demandas do mercado e a seguir a trajetória que o público traçava para ele.

Além do olhar executivo e do aspecto comercial, é crucial atravessar uma camada mais profunda para realmente entender o valor sentimental que a obra de Mauricio carrega para seus fãs e para o mercado. Ele tem um vínculo único com seus leitores, e somente quando se testemunha de perto é possível entender seu verdadeiro valor. Mas não é preciso estar com ele pessoalmente para perceber que isso é real: basta ver vídeos no YouTube de eventos como a Bienal, em que milhares de crianças e pais vão só para prestigiar o Mauricio, e ele, no auge dos seus 87 anos, demonstra uma simpatia acolhedora que parece não ter fim – ele se entrega de corpo e alma aos seus fãs, abraçando-os calorosamente, tirando fotos, autografando e dedicando tempo para conversar com cada um deles. Existe um elo emocional entre os fãs e Mauricio, uma conexão que vai além dos negócios. Ou seja, para compreender seu negócio, é necessário compreender o vínculo existente entre o empreendedor e seu público.

No passado, Mauricio tinha relacionamentos estreitos com os donos de bancas de jornais. Era uma forma de se conectar com as pessoas que vendiam seus gibis. Ele tinha plena consciência da importância desses parceiros e, ainda assim, manteve-se humilde diante de seu legado. Ele sempre enfatizou esse ponto, e isso acabou naturalmente se tornando um dos pilares da filosofia mauriciana.

Ele sempre instrui sua equipe a prestar atenção no que o público diz. E, quando observamos seu nicho, vemos que este é diverso e abrangente. Desde a adorável senhora que lia as histórias para o netinho até a própria criança, é preciso estar atento ao que está sendo dito. Isso é exatamente o que Mauricio faz quando encontra um fã na rua, em um evento ou em qualquer lugar. Ele se dedica a conversar com essa pessoa, a ouvi-la atenta e verdadeiramente.

Nos anos 1990, ele costumava anotar os nomes das pessoas que vinham conversar com ele e enviava cartas personalizadas da Turma da Mônica para cada uma com sua assinatura. Havia uma verdadeira troca, e isso era uma motivação para ele compreender, de certa forma, o que estava acontecendo. Mauricio sempre manteve o canal de comunicação aberto com os fãs, ouvindo atentamente seus comentários, mesmo os mais simples. Por exemplo, se alguém dizia: "Não gosto do vestido da Mônica ser sempre vermelho por causa disso...", ele ouvia. Cada comentário poderia fazer a diferença e gerar uma mudança significativa.

Atualmente, a MSP tem interação direta com mais de 5 milhões de fãs por ano. A conexão profunda que Mauricio estabeleceu com seu público é um exemplo inspirador para todos os empreendedores. Ele compreendeu que, além do talento artístico, o sucesso dependia de cultivar uma relação autêntica com as pessoas que apoiam sua obra. Um estudo realizado pela Bain & Company[30] mostrou que clientes fiéis costumam gerar uma receita de 67% a mais do que os clientes ainda não fidelizados. Além disso, aumentar a taxa de retenção em 5% pode representar um aumento de 95% na lucratividade do negócio.

Quando o assunto é qualidade e segurança, a escuta se torna ainda mais importante. Por exemplo, o macarrão instantâneo da Turma da Mônica, que faz parte dos hábitos das famílias brasileiras e é consumido por diversas gerações, tem passado por mudanças em sua composição para aprimorar seu perfil nutricional. Embora seja consumida por pessoas de diferentes faixas etárias, a marca está direcionada ao público infantil, portanto ela tem o compromisso e o dever de oferecer produtos adequados. Assim, a MSP procura servir como referência, buscando estar associada ao melhor produto disponível de cada categoria.

A preocupação com a alimentação vem de uma transformação nos hábitos de consumo dos brasileiros, como mostram as pesquisas realizadas pela Nielsen. Um dado interessante é que 42% dos consumidores estão adotando novos comportamentos para reduzir seu impacto no meio ambiente. Essa preocupação com a sustentabilidade reflete-se em escolhas mais conscientes

---

30. https://media.bain.com/Images/Value_online_customer_loyalty_you_capture.pdf

e responsáveis, como a busca por uma alimentação mais saudável. Para 74,3% dos entrevistados, ser saudável é um dos principais objetivos de vida.

Outro exemplo disso foi a decisão de interromper as histórias em que a Mônica dava "coelhadas" no Cebolinha. Mauricio não queria que as crianças imitassem esse comportamento agressivo na escola, e hoje ele reflete criticamente sobre o quadrinho que fez a Mônica colocar um tijolo dentro do Sansão para machucar ainda mais o Cebolinha. Agora, os quadrinhos só mostram a Mônica girando o coelhinho. Aquilo que antes parecia inofensivo é visto com uma nova perspectiva. A preocupação com a segurança se tornou uma prioridade, refletindo-se diretamente nas histórias criadas.

A forma como a sociedade se relacionava e construía símbolos e imaginários era diferente no passado. São hábitos fora do tempo. Por exemplo, havia histórias em que um bandido colocava uma criança em um saco, ou o Cascão brincava no lixão. As histórias refletiam os comportamentos sociais da época, e isso é natural. Essas narrativas foram deixadas no passado, pois não repercutem mais os valores e comportamentos da sociedade contemporânea, o que também é natural.

Quando uma criança folheia uma revista ou abre um livro com o conteúdo do Mauricio de Sousa, a expectativa é que os pais sintam que aquele é um ambiente seguro para ela. Há uma série de histórias que não são mais publicadas, pois não se adequam ao contexto atual.

Isso significa que essas histórias desapareceram? Não, mas agora elas vêm com um aviso prévio, um *disclaimer*. Além do mais, entende-se que esses produtos devem ser pensados para um público jovem-adulto, que já foi leitor no passado e que quer consumi-los com uma perspectiva nostálgica ou com um olhar histórico.

Por outro lado, quando um pai adquire uma dessas publicações, ele precisa compreender que não pode terceirizar a educação do próprio filho. Por exemplo, ao abrir um livro ou gibi e se deparar com um *disclaimer* informando que aquela história foi publicada na década de 1970 e que os comportamentos sociais eram diferentes na época, ele deve fazer uma curadoria interna, decidindo se permitirá ou não que seu filho leia aquela história.

As histórias inéditas que são lançadas hoje já passam por um olhar atento e são pensadas considerando o contexto atual. Essa responsabilidade é tão importante e valiosa, que há histórias aprovadas há apenas um ano, mas que já não se encaixam nesse mundo que está em constante e rápida transformação.

Ao longo dos anos, a empresa tem se esforçado para se manter atualizada, contemporânea e em diálogo com todas as gerações. Um exemplo desse compromisso é a discussão contínua sobre como trazer à luz um novo Papa-Capim pensando na representatividade indígena. A MSP reconhece a importância de retratar com precisão e respeito a cultura indígena, e, para garantir isso, uma consultoria indígena foi firmada.

Por meio dessa consultoria, vários processos e dinâmicas foram realizados para garantir que qualquer texto criado para esse personagem passe por uma revisão e orientação indígena. Antes, o Papa-Capim usava uma vestimenta que, atualmente, compreendemos que é utilizada apenas em festividades ou rituais nas aldeias, não no dia a dia. Portanto, um novo conceito visual foi desenvolvido, levando em consideração essa perspectiva. Agora, o personagem veste shorts e camiseta, refletindo a realidade do cotidiano das crianças indígenas.

Essa mudança é fundamental, pois é importante representar de forma autêntica e inclusiva uma criança indígena em uma história em quadrinhos de impacto nacional. A MSP compreende que a representatividade é um elemento crucial para construir uma narrativa relevante, e o diálogo entre diferentes culturas e grupos é essencial para criar um ambiente de respeito. Por meio desses processos de consultoria e revisão, a empresa busca garantir que as histórias transmitam mensagens positivas e inclusivas, promovendo o entendimento e a empatia entre todas as crianças.

Os clientes são a espinha dorsal de qualquer negócio. Segundo a pesquisa da Accenture Strategy,[31] 79% dos consumidores brasileiros afirmam que gostariam que todas as marcas se posicionassem em relação a fatores como sociedade, cultura, meio ambiente e política. Ao ouvir atentamente o que eles têm a dizer, você poderá identificar oportunidades de melhoria e inovação. Esteja aberto a receber *feedbacks*, tanto positivos quanto negativos, e utilize essas informações valiosas para aprimorar seus produtos, serviços e experiência geral do cliente.

Lembre-se de que as necessidades dos clientes podem mudar ao longo do tempo. Esteja sempre atualizado sobre as tendências do mercado e as preferências do seu público. Realize pesquisas de mercado e entrevistas. Dessa forma, você poderá antecipar as demandas futuras e se adaptar rapidamente para atendê-las.

EXPANDIR PARA NOVOS HORIZONTES

Em um mundo cada vez mais conectado e globalizado, a internacionalização dos negócios se tornou uma estratégia fundamental para o empreendedor moderno que busca expandir seus horizontes e alcançar novos patamares

---

31. https://exame.com/marketing/brasileiros-marcas-valores-pessoais/

de sucesso. Estar presente em outras culturas proporciona oportunidades de crescimento, estimula a inovação e fortalece a posição competitiva das empresas. Um levantamento realizado pelo Sebrae mostra que, em 2021, aproximadamente 11 mil pequenos negócios no Brasil exportaram seus produtos ou serviços. Gustavo Reis, analista de Competitividade do Sebrae Nacional, explicou que todo ano, em média, mil micro e pequenas empresas brasileiras expandem seus negócios além das fronteiras nacionais.[32]

Foi isso que Mauricio fez na década de 1970. Vendo a expansão global da Sanrio, renomada empresa japonesa de licenciamento responsável pela famosa personagem Hello Kitty, ele enxergou uma oportunidade única. Mauricio observou que a Sanrio estava em busca de histórias infantis de diferentes países para enriquecer o catálogo de sua revista. Foi nesse momento que ele decidiu embarcar rumo ao Japão e apresentar pessoalmente a Turma da Mônica.

Determinado a conquistar novos horizontes, teve suas histórias publicadas no Japão, marcando o início de sua jornada internacional. Essa ousada incursão em terras estrangeiras não parou por aí. Pouco tempo depois, ele também vislumbrou oportunidades no mercado da Indonésia e Coreia do Sul por 18 anos, expandindo ainda mais o alcance de seus personagens.

É importante ressaltar que ele não estava movido apenas pelo retorno financeiro que isso poderia trazer. Ele somente exigia que a equipe lhe enviasse exemplares dessas publicações internacionais, para que pudesse mostrar ao mundo que seus personagens haviam conquistado espaços inexplorados por desenhistas brasileiros até então.

---

32. https://agenciasebrae.com.br/brasil-empreendedor/5-passos-para-expandir-os-negocios-para-o-mercado-internacional/

Com histórias universais que transcendem barreiras culturais, era evidente que sua obra tinha potencial para alcançar um público global. No entanto, para levar seu trabalho além das fronteiras do Brasil, seria necessário um esforço cuidadoso de intercâmbio cultural e uma abordagem estratégica no aspecto comercial.

Para introduzir a obra de Mauricio em outros países, como a Coreia do Sul, foram realizadas exposições cuidadosamente planejadas que não se limitaram apenas a exibir obras de arte, mas a proporcionar um primeiro contato com a história da empresa e as características dos personagens.

A exposição é uma ferramenta poderosa para introduzir a obra e a cultura de um produto artístico. Ela é a representação da identidade do artista e uma imersão no seu universo. A exposição proporciona uma oportunidade para mostrar o desenvolvimento da marca e até mesmo destacar produtos relacionados. Ao levar bonecos da Turma da Mônica para museus, transformando-os em objetos históricos, a exposição combinou elementos comerciais e culturais. O objetivo principal é manter o interesse e o envolvimento do público com a marca, perpetuando a arte enquanto impulsiona o crescimento comercial. Embora distintas, as áreas comercial e artística estão intrinsecamente ligadas, trabalhando em harmonia para promover o crescimento e a perpetuação da obra.

Apesar de o retorno financeiro não ter sido imediato, a internacionalização trouxe benefícios significativos para a MSP. Ao expandir para mercados internacionais, a empresa ganhou exposição global, aumentando o alcance de sua marca e atraindo novos públicos. Além disso, permitiu que a MSP se tornasse uma embaixadora da cultura brasileira ao redor do mundo: por exemplo, atualmente a Turma da Mônica estampa a fachada da embaixada brasileira no Japão. Com as histórias e os personagens de Mauricio, a empresa conseguiu transmitir valores, tradições e elementos únicos da cultura brasileira para diferentes países e culturas.

Em primeiro lugar, a internacionalização oferece uma ampla gama de oportunidades de crescimento. Ao expandir para mercados estrangeiros, uma empresa ganha acesso a uma nova base de consumidores, aumentando seu potencial de vendas e receitas. Além disso, a diversificação geográfica reduz a dependência de um único mercado, tornando o negócio mais resiliente a flutuações econômicas locais.

Dessa forma, uma empresa internacionalizada está mais bem-posicionada para enfrentar desafios e aproveitar oportunidades. A presença internacional também abre portas para parcerias estratégicas e oportunidades de licenciamento, permitindo que a empresa diversifique suas fontes de receita.

É importante destacar que a internacionalização exige planejamento cuidadoso, pesquisa de mercado e adaptação estratégica. É necessário estabelecer um departamento inteiro dedicado exclusivamente a essa demanda, com escritórios estrategicamente espalhados pelo mundo. Toda essa operação é extremamente custosa e não oferece garantias de sucesso absoluto. Afinal, por mais que se controle as etapas iniciais do negócio, como tradução e adaptação, nunca se pode ter pleno domínio sobre a recepção do público-alvo ou o trabalho das editoras locais.

Antes de internacionalizar os negócios, avalie a capacidade de sua empresa para exportar e verifique se você possui infraestrutura necessária e recursos adequados para conduzir-se ao mercado internacional. Depois, selecione o mercado em que sua empresa pode ser mais competitiva, realizando pesquisas minuciosas sobre as características de diferentes mercados internacionais.

Uma vez identificado o mercado de interesse, determine a melhor maneira de entrar nele. Explore diversas opções, como representações, filiais e parcerias comerciais. Cada possibilidade deve ser cuidadosamente analisada, levando em consideração os riscos e os benefícios associados a cada estratégia.

A MSP alcançou 50 países e teve suas tiras traduzidas para mais de 30 idiomas. Por mais impressionante que seja essa expansão global, é necessário compreender a trajetória e os desafios enfrentados pela MSP. Desde o final da década de 1980, as revistas comerciais da Turma da Mônica deixaram de circular em qualquer país. Entendendo essas condições e visando à sustentabilidade do negócio, Mauricio decidiu interromper a circulação e focar outras formas de presença global, como filmes, produtos licenciados e mídias sociais, pois cada país tem suas particularidades culturais e exige uma abordagem personalizada e adaptada para conquistar o público local. Portugal recebe as HQs até o atual momento, de forma esporádica. E recentemente foi lançado a Mônica no México e Turma da Mônica Jovem nos Estados Unidos.

A história da expansão internacional da Turma da Mônica nos ensina valiosas lições sobre empreendedorismo e desafios enfrentados por criadores que buscam levar suas criações além das fronteiras nacionais. Uma dessas lições é cultivar aquilo que está em nosso alcance, seja em termos geográficos, culturais ou econômicos, em vez de insistir naquilo que está distante e que pode gerar mais custo do que retorno. A MSP não desistiu de tentar ocupar esses espaços; Mauricio soube a hora de recuar para preservar a sustentabilidade do seu negócio – mas afirma que segue atento às novas oportunidades.

Assim como um comandante militar sabe que nem todas as batalhas podem ser vencidas, os empreendedores devem reconhecer quando é hora de recuar. Isso não é sinal de fraqueza, mas uma tática de inteligência. Ao avaliar cuidadosamente o cenário, os empreendedores podem identificar situações em que é melhor preservar recursos e evitar uma derrota iminente. Recuar estrategicamente permite reagrupar, reavaliar a estratégia e buscar novas oportunidades.

A curiosidade de Mauricio em relação à cultura asiática e seus bons relacionamentos com outros ilustradores e artistas, como Osamu Tezuka, foram impulsionadores que motivaram e facilitaram o início do processo de expansão internacional da MSP via Japão.

Em 2019, a empresa inaugurou o seu primeiro escritório fora do território brasileiro. A relação de Mauricio com o Japão é de recíproca admiração. Tanto ele admira muito os desenhistas e as editoras de mangás quanto os japoneses também o adoram. Mauricio lançou o personagem Horácio no Japão e o tornou uma referência, sendo seus personagens e enredos de enorme renome na área artística no Japão. Essa relação muito próxima deu confiança para Mauricio escolher por onde iniciar o processo de internacionalização da MSP.

Essa estratégia de internacionalização fez com que a MSP se tornasse reconhecida em vários países, como Itália, China, França e Estados Unidos. Na Itália, recebeu o prêmio Pulcinella, no festival Cartoons on the Bay, em 2011; na Coreia do Sul, ganhou o título de Mestre Mundial do Brasil pelo World Master Committee; no Japão, foi homenageado pela prefeitura da cidade de Toyota e recebeu o prêmio CCBJ Awards Person of the Year (personalidade do ano) da Câmara de Comércio Brasileira no Japão; entre outros.

Dando um passo estratégico de cada vez, a MSP segue plantando suas sementes mundo afora, tendo sempre a consciência de que fincar suas raízes em novos solos leva tempo, persistência e adaptabilidade. Aqueles que se comprometem com essa jornada desafiadora estarão preparados para enfrentar os desafios do mercado global e colher as recompensas de um negócio verdadeiramente globalizado.

SEMPRE ATENTO ÀS GRANDES OPORTUNIDADES

Desde o Flash Gordon até os monstros clássicos, como Drácula e Frankenstein, Mauricio criou uma versão brasileira de personagens do terror com a Turma do Penadinho, inserindo sua própria identidade e colocando o DNA brasileiro neles. Ele diz que é necessário dançar conforme a música: se há um hit lá fora fazendo sucesso e você não faz a mínima ideia de como dançar, crie sua própria coreografia. A gestão eficiente de uma empresa passa pela capacidade de inovar, de se adaptar às mudanças do mercado e de manter todo esse espírito empreendedor.

Como já mencionado aqui, para ele a inovação não é um objetivo em si, mas parte intrínseca de sua natureza criativa. Como um artista que sempre busca aprimorar sua obra, ele enxerga maravilhas em tudo o que observa. Se algo pode ser melhorado, ele sente o impulso de mudar e deixar sua marca no mundo. Mesmo durante suas férias, quando deveria estar descansando, ele está constantemente atento a possibilidades e oportunidades que surgem à sua frente. Assim como a história da maçã que inspirou Isaac Newton, o empreendedorismo é uma força que não pode ser contida.

As maçãs da Turma da Mônica são um exemplo claro disso. "Com todo respeito à Bíblia, mas quem inventou essa maçã fui eu", disse Mauricio, com humor. Quando seus filhos eram pequenos e frequentavam a escola, ele notou que as maçãs comercializadas na época eram grandes demais para as lancheiras e, muitas vezes, as crianças acabavam desperdiçando metade da fruta. Foi durante uma viagem despretensiosa a uma fazenda em Santa Catarina, conhecida por sua produção de maçãs, que Mauricio descobriu algo que poderia mudar tudo.

Ele se deparou com árvores carregadas de maçãs pequenas, que não eram comercializadas devido ao seu tamanho. Intrigado, Mauricio questionou o dono da fazenda sobre o destino das frutas. A resposta foi surpreendente: elas eram destinadas aos animais, pois não atingiam o tamanho comercial adequado.

Foi nesse momento que a ideia surgiu em sua mente inquieta: Mauricio percebeu que aquelas maçãs pequenininhas caberiam perfeitamente nas lancheiras das crianças, além de serem tão saborosas quanto as tradicionais. Ele viu uma oportunidade de introduzir uma nova forma de consumo da fruta no mercado.

Determinado a transformar sua ideia em realidade, Mauricio propôs uma parceria com o dono da fazenda. Essa iniciativa pioneira foi um sucesso instantâneo. Antes desse licenciamento, as maçãs pequenas não eram comuns. No entanto, graças às maçãs da Turma da Mônica, o hábito de consumir maçãs em tamanho reduzido se popularizou.

Hoje, quando as maçãs de Santa Catarina são colhidas e enviadas para todo o Brasil, a demanda é tão alta, que são necessários três ou quatro vagões de trem para transportá-las. A maçã da Mônica mudou definitivamente os padrões de consumo da fruta, transformando-se em um marco na indústria, com uma produção de 1,7 mil toneladas e uma venda de 850 mil pacotes por mês.

A preocupação de Mauricio com a lancheira que não comportava a maçã resultou em uma inovação de sucesso. Sua visão empreendedora e capacidade de identificar uma necessidade no mercado foram fundamentais para criar um hábito de consumo e conquistar um espaço importante na indústria de alimentos.

Para Mauricio, é essencial que todos os envolvidos em seu universo de criação prosperem financeiramente, pois ele acredita que o sucesso deve ser compartilhado, permitindo que as empresas e as pessoas cresçam e evoluam em conjunto. Embora ele não goste da palavra "crescer", valoriza a ideia de *evolução contínua*. Isso significa estar sempre atento às novas tendências, permitindo a exploração criativa e a inovação constante, ou como ele mesmo diz: "Vamos inovando sem maiores sofrimentos".

INTUIÇÃO

A dualidade entre manter a autenticidade artística e alcançar um público mais amplo se tornou um teste crucial de equilíbrio. Mauricio soube navegar por esses períodos turbulentos com estratégia e adaptabilidade, sobretudo guiado por sua forte intuição, nos ensinando que a visão empreendedora e a intuição são elementos essenciais para manejar um negócio.

A visão empreendedora nos permite enxergar além do óbvio, identificar oportunidades e criar estratégias inovadoras; já a intuição é aquela voz interna que diz a direção correta que devemos seguir. De acordo com um estudo publicado pela revista *Psychological Science*,[33] a intuição nos permite tomar decisões mais rápidas, confiantes e precisas. Além disso, o estudo comprova que os participantes do experimento ficaram melhores em usar sua intuição ao longo do tempo. O autor do estudo, Joel Pearson, professor

---

33. https://journals.sagepub.com/doi/abs/10.1177/0956797616629403

associado de psicologia na Universidade de New South Wales, explicou que para acessar a intuição é necessário aprender a usar informações inconscientes do nosso cérebro. Ou seja, a intuição não é um superpoder ou um talento especial: ela decorre de experiência, prática e aprendizado.

Porém, é fundamental equilibrar a intuição com uma análise cuidadosa de dados e informações disponíveis. Combinando esses dois elementos, temos a capacidade de tomar decisões melhores. Por mais que, no momento, elas possam parecer arriscadas, mais tarde se mostram capazes de nos levar a patamares inimagináveis.

Esses pilares, como fundamentos sólidos, sustentam as decisões que moldaram seu percurso empreendedor e o conduziram à realização de seus objetivos. Cada uma dessas escolhas estratégicas representa um marco significativo, e compreender a essência por trás desses pilares é essencial para desvendar os segredos do sucesso e inspirar os empreendedores a trilhar um caminho similar.

Mauricio é a prova de que é preciso criatividade não só para ser artista, mas também para ser empreendedor. Posso dizer que ele é, em essência, uma manifestação do que vivenciou ao longo de sua infância e adolescência: influências provenientes de parentes, amigos, pais, pessoas que conheceu e colegas de trabalho se entrelaçaram dentro dele, formando uma verdadeira colcha de retalhos de inspiração.

Cada experiência, interação e encontro deixa marcas indeléveis em sua mente, moldando a maneira como ele enxerga o mundo e como se expressa criativamente. Mauricio diz ser uma mistura de influências diversas, que ele chama de "cubo mágico", composto por diferentes peças que se encaixam e se movem em busca de soluções. Ao longo de sua vida, ele foi desenvolvendo habilidades para manipular as peças desse jogo: analisando situações, identificando padrões, visualizando possíveis soluções, tomando decisões em meio à incerteza e que não trariam resultados de imediato, enfrentando momentos de frustração quando parecia que nada iria se encaixar.

Tanto o cubo mágico quanto o empreendedorismo não possuem uma solução única ou um caminho predeterminado para o sucesso. Em ambos, é necessário experimentar, arriscar, aprender com os erros e buscar soluções criativas para alcançar os objetivos desejados. Cada desafio superado representa um aprendizado e uma oportunidade de crescimento. Cada nova combinação correta de peças no cubo traz uma sensação de realização e motivação para enfrentar os próximos desafios.

E, cá entre nós, pouco interessa a Mauricio terminar de montar esse quebra-cabeça. Como ele mesmo disse uma vez: "Empreender no Brasil exige muita persistência e coragem para enfrentar dificuldades e desafios, mas também pode ser muito gratificante". Imagino que, se alguém um dia aparecer com uma fórmula pronta para o seu cubo mágico, ele responderá o que o Do Contra respondeu quando Cebolinha tentou ensiná-lo: "Valeu! Mas gosto dele do jeito que está, todo coloridinho!". [34]

---

34. https://www.youtube.com/watch?v=b0FF9hunhss

CAPÍTULO 7

O Valor do Sucesso

E DO FRACASSO

Quando sua primeira tirinha foi publicada no jornal, o coração de Mauricio disparou. O garoto de Mogi que começou sua jornada como engraxate na barbearia do seu pai jamais poderia imaginar que, muitos anos depois, se tornaria uma das figuras mais icônicas do Brasil e detentor de um dos maiores impérios de criação de conteúdo infantil do mundo. Desde criança, ele sempre teve uma convicção firme do que queria, mesmo sem ter ideia de como ou quando isso se tornaria realidade e para onde tudo isso o levaria. Seu único desejo era compartilhar sua arte com o mundo. O que viesse a partir daí seria uma consequência natural de sua paixão e dedicação.

Então, os primeiros sinais de sucesso começaram a aparecer. As pessoas começaram a se identificar com seus personagens, a rir das aventuras e a se emocionar com suas histórias. As características marcantes dos protagonistas e os enredos envolventes despertaram o interesse das crianças pelos livros e incentivaram a prática da leitura de forma prazerosa. O resultado foi uma legião de fãs de todas as idades e uma contribuição significativa para a educação do Brasil.

Seu trabalho conquistou o número impressionante de mais de 1 bilhão de revistas vendidas no Brasil e no mundo. Em 2022, a MSP vendeu mais de 12 milhões de gibis e mais de 2 milhões de livros. Ao longo da carreira, Mauricio recebeu importantes reconhecimentos, como o Prêmio Gran Guinigi (1971) e o Prêmio de Literatura Infantil da Academia Brasileira de Letras (1999), recebido pela Mônica, e foi homenageado como "Escritor para Crianças do Unicef" em 2007.

Nas bienais, a presença dele é um fenômeno. As pessoas se aglomeram em torno de seu estande, criando uma verdadeira multidão, e ficam à espera de uma oportunidade de tirar uma foto, pegar um autógrafo ou trocar algumas palavras com ele. A cena é de pura euforia. Elas se acotovelam, tentando se erguer para vê-lo melhor. Uns gritam "Eu te amo, Mauricio!", outros choram de emoção, e todos estampam um sorriso permanente no rosto. Para onde Mauricio vai, sempre há alguém que o reconhece, seja aqui ou em outro país.

Hoje, a MSP é considerada um dos maiores estúdios de produção de conteúdo da América Latina e reconhecido mundialmente, tendo mais de 250 colaboradores. Na imprensa, os jornais estampam manchetes como *Mauricio de Sousa revela segredos do sucesso imortal da Turma da Mônica*, *A criação do império da Turma da Mônica no Japão*, *O que Mauricio de Sousa me ensinou sobre sucesso*, *O sucesso dos produtos da Turma da Mônica*. E o triunfo pode ser resumido pela última edição da pesquisa Retratos da Leitura, encomendada pela CBL e Instituto Pró-Livro, realizada em 2019: Mauricio é o quarto autor mais admirado no Brasil.

É inegável como cada um de nós, de diferentes gerações, tem alguma conexão com a Turma da Mônica. Eu, você e outros milhões de pessoas espalhados pelo mundo somos as provas vivas de que Mauricio teve sucesso ao colocar em prática seu propósito. Todos esses feitos ao longo dos anos foram movidos pelo desejo ininterrupto de conquistar cada vez mais fãs, principalmente as gerações que estão por vir. Mesmo tendo chegado ao topo, ele continua perseguindo seus sonhos não porque não se sente satisfeito, mas porque o propósito é sua maior fonte de ação: todo dia ele acorda pensando em como mantê-lo aceso. A previsão para o futuro é de que os negócios cresçam para além das fronteiras.

Fato é que Mauricio teve a oportunidade de experimentar o sucesso em sua plenitude. Ele não nasceu em berço de ouro, veio de uma família simples, na qual os recursos eram escassos. Mas, com o passar dos anos, conseguiu construir uma carreira sólida, se destacando em sua área de atuação e gerando um impacto positivo na sociedade. À medida que os anos passavam, Mauricio viu seu patrimônio crescer. Ele havia feito investimentos inteligentes, construído um negócio próspero e acumulado uma boa quantidade de bens materiais. Mas ele não se contentou em apenas ser bem-sucedido profissionalmente; ele construiu uma família grande e unida, cultivou amizades e manteve a conexão com seus admiradores.

Quem vê tudo isso pode ter interpretações diversas em relação ao seu sucesso. Para alguns, a vitória é medida por conquistas materiais e status social. Eles olham para aqueles que alcançaram riqueza, fama e poder, e veem esses resultados como o fim último a ser alcançado. Para eles, sucesso é ter um carro luxuoso, uma casa espaçosa e uma conta bancária recheada. Acreditam que, ao atingir essas metas, encontrarão a felicidade e o reconhecimento que desejam.

Por outro lado, há aqueles que enxergam o sucesso de forma mais abrangente. Eles acreditam que o sucesso não pode ser definido apenas pelos bens materiais que possuem, mas também pela realização pessoal, pelo equilíbrio e pela contribuição para o bem-estar dos outros. Essas pessoas valorizam bons relacionamentos, saúde emocional e a capacidade de fazer a diferença na vida das pessoas ao seu redor.

O significado de "sucesso" divide opiniões. De acordo com pesquisas da Dyke & Murphy,[36] mulheres definem "sucesso" como o equilíbrio de vida e relacionamentos, enquanto os homens o atribuem ao sucesso material. Uma

---

36. https://www.successconsciousness.com/blog/success/success-definitions/

pesquisa promovida pelo LinkedIn [37] mostrou que, para 72% dos jovens brasileiros, ter sucesso é "ser feliz"; para 71%, é ter o equilíbrio entre vida pessoal e trabalho; e, para 68%, é "ser saudável". Curiosamente, o sucesso em relação ao dinheiro teve baixos resultados, com 21% dizendo que felicidade é "ganhar um aumento de salário" e 7% afirmando que é "ganhar mais dinheiro que meus amigos".

É interessante observar como cada um tem sua própria visão do que é o sucesso, pois, muitas vezes, essa visão influencia suas opiniões sobre os outros. Um exemplo claro são as críticas que as pessoas fazem umas às outras com base em suas próprias ideias de sucesso. Aquelas que acumularam riquezas e prosperidade são frequentemente alvo de críticas por parte daquelas que acreditam que o dinheiro não traz verdadeira satisfação ou felicidade. Esses críticos argumentam que a busca incessante pela riqueza pode levar a uma vida vazia e superficial.

Por outro lado, aqueles que optaram por uma vida mais simples e desapegada de bens materiais também enfrentam repreensões. Para muitos, o sucesso está diretamente relacionado ao status social e à acumulação de posses. Aqueles que escolhem uma vida simples são muitas vezes vistos como "fracassados" ou "pouco ambiciosos".

Há também aqueles que desistiram ou nunca ao menos tentaram, porque consideram o sucesso inatingível, acreditando que apenas alguns sortudos nascem destinados a alcançá-lo.

---

37. https://exame.com/carreira/o-que-e-sucesso-para-nova-geracao-dinheiro-nao-e-a-resposta/

O conceito de sucesso pode variar de pessoa para pessoa. O que é sucesso para alguns pode ser trivial para outros. O que une todos nós, no entanto, é o desejo e a busca constante por realizar nossos objetivos de vida. Desde jovens, somos instigados a perseguir nossos sonhos e alcançar resultados, mas sabemos que não é todo mundo que consegue chegar lá, porque isso depende de vários fatores – e um deles exerce um papel importante nesse processo: a nossa percepção sobre o que é sucesso.

O QUE SE ESCONDE POR TRÁS DE ALGUÉM BEM-SUCEDIDO

Em seu plano de expansão, a MSP teve a oportunidade de desenvolver uma ação nas escolas do Japão, tanto as brasileiras quanto as japonesas. Mauricio criou cartilhas para instruir os alunos sobre as boas práticas segundo o padrão japonês, principalmente para os filhos dos imigrantes que chegavam ao país sem conhecer os costumes locais – por exemplo, as crianças brasileiras muitas vezes não sabem amarrar os sapatos, e as professoras japonesas não gostam de receber alunos que estão muito "atrasados" em relação aos seus padrões, em que as crianças já aprendem esse tipo de coisa com 6 ou 7 anos. Ao visitar essas escolas, Mauricio foi recebido com muito entusiasmo pelos alunos, que foram correndo cumprimentá-lo, especialmente as crianças brasileiras, que diziam estar com saudade da Turma da Mônica.

Testemunhando a dimensão do trabalho de Mauricio, ficou claro para mim que eu não poderia deixar de fazer uma pergunta, mesmo acreditando que poderia soar retórica: "Quando você tem um encontro como esse, com crianças que te reconhecem no Japão, você diria que isso é sucesso?". Sem hesitar, ele me deu uma resposta que eu não esperava: "Aí não é sucesso, é resultado". Curioso, eu mudo a pergunta: "O que é sucesso, então?". Mauricio ponderou brevemente e então respondeu: "Sucesso é você ficar na internet com milhões de pessoas falando com você. Ele não deve ser tido como objetivo, porque ele é a consequência do que você faz".

Quando Mauricio diz que receber carinho do seu público não é a representação do sucesso, mas sim do resultado, o que ele quer mostrar é que o sucesso é consequência de uma ação movida por um propósito, que sempre foi uma consequência natural do seu trabalho árduo e sua dedicação. Para ele, o sucesso vai muito além de conquistas e reconhecimento. Mauricio nunca o buscou apenas por esses aspectos externos, mas pela satisfação pessoal de criar algo que pudesse impactar positivamente a vida das pessoas.

O sucesso vai além das meras conquistas materiais ou das metas alcançadas; ele diz muito mais sobre como nos sentimos em relação ao que conquistamos. Passamos a vida inteira em busca de uma resposta sem nos darmos conta de que ela poderia estar bem na nossa frente não como algo concreto, mas como uma projeção do que está dentro de nós. Quantas vezes nos deparamos com pessoas que aparentemente têm tudo o que queríamos, mas se sentem infelizes e frustradas com a vida? Quantas vezes nos sentimos insatisfeitos com nossas conquistas, mas ouvimos alguém dizer que nos admira e que um dia gostaria de ser como nós?

A fama, por exemplo, nem sempre é sinônimo de sucesso. Podemos ser reconhecidos e famosos, mas ainda assim sentir um vazio interior, uma falta de realização pessoal. A fama pode trazer pressões, invasão de privacidade e expectativas excessivas, que nem sempre estão alinhadas com nossos valores e desejos mais profundos.

O conceito de sucesso é algo complexo e muitas vezes indefinível. Embora não possamos ter uma definição exata, podemos identificar o que ele não é: sucesso não é medido por troféus e conquistas materiais. Com as redes sociais, isso fica ainda mais acentuado. Elas transmitem a ideia de que uma vida bem-sucedida é aquela repleta de riquezas e posses, mas, assim, caímos na armadilha comum de nos comparar constantemente com os outros. Inconscientemente, comparamos nossos pontos fracos com os pontos fortes de outras pessoas, ignorando tudo o que conquistamos, o que nos provoca insatisfação com quem somos e uma inadequação em achar que somos os únicos incapazes de ter sucesso.

Um detalhe importante é que o sucesso não está necessariamente relacionado à faixa etária. Não há um momento certo em nossas vidas para alcançar o sucesso. De acordo com a lista *Forbes Top 100*,[38] os fundadores das maiores empresas do mundo só começaram suas jornadas, em média, após os 35 anos.

A verdade é que o sucesso é medido pela realização pessoal e profissional. Para um empreendedor, por exemplo, o verdadeiro sucesso na vida pode ser medido com a quantidade de pessoas que são capazes de viver uma vida melhor e mais avançada graças a ele. Mauricio deixou claro que o sucesso não deve ser encarado como um fim em si mesmo, mas como uma consequência natural de um trabalho bem-feito e com propósito.

---

38. https://soulsalt.com/what-does-success-mean/

Ele diz que essa realização não é apenas dele, mas também de quem está lendo. É claro que, no fundo, a MSP é um negócio, um empreendimento como qualquer outro, mas nunca ouvimos ninguém reclamar de comprar um gibi. Afinal, compra-se o gibi com a finalidade de ter o prazer de ler, mergulhar na história e absorver algo dela. Não se trata apenas da parte comercial do negócio, mas sim de uma realização em conjunto. Vender gibis é apenas o meio para atingir um objetivo maior: proporcionar momentos de entretenimento e aprendizado. E é essa realização compartilhada, tanto dele como do leitor, que torna todo o trabalho gratificante e especial.

Além disso, ele reforça que o sucesso está nas pessoas incríveis que ele teve a oportunidade de conhecer ao longo da sua jornada. Colegas de trabalho talentosos, parceiros criativos e leitores que se tornaram amigos. A troca de experiências, o apoio mútuo e o compartilhamento de ideias são parte fundamental desse caminho.

Você sabe que se tornou uma pessoa bem-sucedida quando sente bem-estar emocional, se aceitando e cultivando uma autoestima saudável. Quando você faz conexões significativas com as pessoas, tendo a capacidade de amar, ser amado e cultivar relacionamentos autênticos. Quando encontra uma ocupação, seja ela remunerada ou não, que o motive, desafie e lhe permita utilizar seus talentos e habilidades. Não podemos esquecer também que vivemos em um mundo movido a dinheiro, então é claro que ter uma vida financeira que nos provê o mínimo para viver bem também contribui para o sentimento de sucesso.

Infelizmente, muitas pessoas nunca vão alcançá-lo, porque nunca pararam para refletir sobre o que ele significa para elas. Elas não se questionam sobre seus valores, não entendem o que aquilo representa em suas vidas e negligenciam a importância de buscar realizações que sejam realmente relevantes para elas – e não de acordo com a definição da maioria. Sucesso é quando nos sentimos preenchidos, felizes e satisfeitos com o que escolhemos fazer. E, para termos esse poder de escolha, é necessário descobrir quais são nossos verdadeiros desejos.

A FÓRMULA MÁGICA DO SUCESSO

Diariamente nas redes sociais me deparo com uma miríade de cursos online prometendo técnicas infalíveis para alcançar o sucesso em pouco tempo no que diz respeito à carreira profissional. Essa promessa sedutora atrai muitas pessoas, que anseiam por resultados rápidos e garantidos, alimentando a ideia de que isso é realmente possível e efetivo. Já outros vão ao outro extremo: consideram o sucesso algo inatingível, pois acreditam que apenas alguns sortudos nascem destinados a alcançá-lo.

Apesar de já imaginar sua resposta, pergunto ao Mauricio qual é o segredo do sucesso, e ele explica: "Não existe uma fórmula. É preciso se adaptar, sentir que é capaz e que somos úteis, e então conseguimos qualquer coisa na vida". Alcançar um sucesso verdadeiro requer uma abordagem inteligente, que vai além de uma receita de bolo. É preciso estar disposto a se adaptar às circunstâncias mutáveis, entendendo que cada caminho para o sucesso é único e que não existe um guia universal.

Tanto para aqueles que acreditam na fórmula mágica quanto para aqueles que acham que é um fenômeno quase espiritual, existe a falta de entendimento de que o sucesso é resultado de trabalho árduo e esforço contínuo, não apenas de sorte ou de uma jornada fácil e rápida. Não existem atalhos, nem garantias de facilidade. É preciso suar muito e dedicar um esforço incansável para alcançar os objetivos almejados.

Independentemente da área, é fundamental lembrar que cada jornada é única. O que importa, segundo Mauricio, são os princípios que nos guiam. Ele nos dá algumas pistas, que são valores básicos e universais que sempre procurou transmitir para seus filhos: estudar, ter ética e se preocupar com o meio em que você vive.

A busca pelo conhecimento e pelo aprendizado contínuo é essencial para o crescimento pessoal e profissional. Mauricio reconhece a importância de investir tempo e energia no aprimoramento intelectual, pois sabe que isso abre portas, amplia horizontes e gera oportunidades. Além disso, a ética é um valor essencial, que deve ser transmitido às gerações futuras. Ele ressalta a importância de agir com integridade, respeito e responsabilidade em todas as esferas da vida. Ele entende que o sucesso verdadeiro não é apenas uma questão de resultados, mas também de como estes são alcançados. E a ética entra como a base para construir relacionamentos saudáveis, estabelecer confiança e deixar um legado positivo.

Além disso, pergunte-se sempre: o que realmente importa na minha vida? Quais histórias quero contar para as pessoas daqui a alguns anos? Qual é o meu propósito? O que me traria satisfação plena? O que quero ser no futuro? Qual legado gostaria de deixar ao mundo?

Enquanto muitos buscam fórmulas mirabolantes e atalhos, Mauricio nos mostra que o verdadeiro caminho para o êxito está enraizado em princípios sólidos. Ao cultivar esses valores básicos e universais alinhados aos propósitos de vida, as pessoas estarão no caminho certo. Mais do que isso, construirão uma base sólida para se tornar agentes de transformação positiva.

AS CRÍTICAS

Em 2023, Mauricio se deparou com um novo desafio em sua carreira: a concorrência por uma vaga na Academia Brasileira de Letras (ABL). Fundada por Machado de Assis em 1897, a ABL tem como objetivo preservar a língua e a literatura nacional. Atualmente, conta com 40 membros fixos e perpétuos; e, quando ocorre uma renúncia ou o falecimento de um membro, é aberto um processo seletivo para eleger um novo integrante. Vale lembrar que, em 2011, Mauricio de Sousa foi o primeiro quadrinista a fazer parte da Academia Paulista de Letras e de qualquer academia literária.

Mauricio compartilhou que, inicialmente, nunca havia considerado a possibilidade de ocupar uma cadeira na ABL. No entanto, após a entrada de nomes como Fernanda Montenegro e Gilberto Gil, que não eram exclusivamente escritores, ele passou a enxergar uma oportunidade para fazer parte da lista dos imortais. Uma eventual eleição para a ABL seria o resultado de seu árduo trabalho de mais de 60 anos na criação de personagens, textos e nos lançamentos de livros. Para ele, além de conquistas pessoais, o objetivo principal de sua candidatura era ter a oportunidade para interagir e aprender com os renomados membros da Academia.

Porém, o processo eleitoral gerou discussões polêmicas na internet. Mauricio enfrentou críticas, especialmente do jornalista James Ackel, um dos candidatos à vaga, que menosprezou os quadrinhos ao afirmar que "gibis não são literatura" e que sua eleição seria "o fim da literatura escrita nos livros". Ao saber disso, Mauricio disse: "Eu não aceito o comentário, porque nem ele acredita nisso".

Ele não se abalou com a crítica; em vez disso, ficou surpreso com a dimensão que esse debate tomou, constatando que seu trabalho gerou reações nas pessoas – e foi algo extremamente positivo do seu ponto de vista. Além disso, ficou feliz em saber que recebeu muitos apoios. Nas redes sociais, defensores de Mauricio se posicionavam a favor dos quadrinhos como forma de literatura. O apoio também veio de diversas entidades e personalidades, como o escritor Paulo Coelho, que declarou seu voto a ele.

O resultado da eleição foi favorável ao filólogo Ricardo Cavaleiri, que obteve 35 votos contra 2 de Mauricio. Apesar disso, o quadrinista manteve o otimismo, afirmando que esse não seria o fim de sua carreira, nem o ponto principal de sua vida. Ele continuará presente na vida das crianças por meio de suas histórias e filmes, e ressaltou que ainda há muito trabalho a ser feito, mesmo com sua idade avançada. Em seu perfil no LinkedIn, ele escreveu:

"Quero parabenizar o novo acadêmico Ricardo Cavalieri por sua entrada na ABL."

Nesse processo, todos que amam quadrinhos – eu incluído – ganharam quando tanto se discutiu sobre a importância dos quadrinhos, o seu papel fundamental na formação de leitores e como eles podem contribuir, de diversas formas, com a literatura.

Mauricio disse: "Agradeço de coração os apoios que recebi nesta campanha e aos que me honraram com seu voto, acreditando na minha proposta para a ABL.

"Continuarei nesta ideia de trabalhar e aprender com os acadêmicos, assim como vem acontecendo na Academia Paulista de Letras."

"Um grande abraço a todos que lutam pela valorização dos autores e, principalmente, pela formação de leitores neste nosso Brasil."

Desde o início de sua jornada, Mauricio lida com críticas. Quando alguém se torna uma pessoa pública, esse é o preço que se paga. Para blindar os seus valores e se manter íntegro ao longo do processo, ele precisou desenvolver ferramentas para saber discernir a crítica maldosa, aquela cujo único objetivo é nos fazer desistir, e a crítica construtiva, que nos ajuda a evoluir.

AS TENTAÇÕES

A questão das tentações surge em nossa conversa, e Mauricio nos traz uma perspectiva interessante. Ele menciona uma passagem bíblica em que até mesmo Cristo foi tentado, ilustrando que as tentações são uma parte inevitável da jornada humana. Ao sermos confrontados com influências externas, precisamos nos manter fiéis aos nossos princípios. Assim como um artista no palco, é necessário estar consciente da plateia e da opinião pública, mas sem perder o foco na atuação.

Ao lidar com tentações, Mauricio enfatiza a importância da coerência, ou seja, de manter uma conduta que esteja alinhada com aquilo em que se acredita, independentemente das circunstâncias. Ele ressalta que a coerência é fundamental em qualquer profissão ou atividade, pois é por meio dela que se constrói uma reputação sólida e se mantém a integridade pessoal. Ele faz mais uma vez uma analogia com o palco: o sucesso nos coloca diante de uma plateia numerosa e diversificada, e é impossível compreender como cada um observa e avalia nossas ações. Diante de tantos espectadores desconhecidos, o foco deve estar em apresentar um bom desempenho e nos sentir satisfeitos com aquilo que escolhemos mostrar e que nos traz felicidade, ao mesmo tempo que beneficia as pessoas à nossa volta.

Por outro lado, é preciso ter cuidado para não deixar que o sucesso nos transforme em pessoas diferentes, arrogantes ou desligadas da realidade. Quando alcançamos certo patamar, é comum que recebamos reconhecimento, elogios e até mesmo certa dose de admiração. Essas experiências podem ser empolgantes e nos fazer sentir especiais. Porém, é importante lembrar que o sucesso pode ser passageiro e que a única coisa capaz de se manter perene é a marca que você deixa na vida das pessoas.

Quando o sucesso sobe à cabeça, corremos o risco de perder a humildade, de nos tornar egocêntricos e de nos afastar das pessoas ao nosso redor. Além disso, passamos a negligenciar a busca pelo crescimento e a evolução pessoal e profissional, acreditando que já atingimos o ápice e que não precisamos mais nos esforçar. Isso pode levar à estagnação e até mesmo ao declínio de nossa trajetória.

O desejo de mostrar serviço, de fazer algo significativo e deixar as pessoas ao redor admiradas é uma característica natural de qualquer um. Mauricio define como uma vaidade "boa". Mas é importante sempre lembrar que o verdadeiro sucesso é aquele que permite manter os valores e a integridade pessoal e profissional, mesmo diante das críticas e das tentações.

A DÚVIDA DO SUCESSO

No geral, todos nós temos o desejo de ser bem-sucedidos, não importa como. O que mantém a nossa vontade de viver são os desejos que queremos realizar – isso é intrínseco ao ser humano. Mas e se o sucesso significar perder a sensação de segurança? Ter que lidar com expectativas mais altas e uma maior responsabilidade? Parece paradoxal que, ao trabalhar arduamente para alcançar nossos objetivos, possamos sentir dúvida do sucesso.

Nossas mentes são hábeis em nos sabotar, alimentando vozes negativas em nossa cabeça. Elas nos fazem acreditar que não somos capazes ou que não merecemos alcançar o sucesso. Para muitos, isso pode ser mais assustador do que o próprio fracasso, pois deixar o estado atual de conforto pode ser aterrorizante. Imagine estar em um momento de relativo sucesso, pelo qual você trabalhou duro, no qual desfruta de certa estabilidade e satisfação. Mas, para alcançar o próximo nível, é necessário deixar essa sensação de conforto e entrar em um território incerto. É nesse ponto que o medo começa a se manifestar.

O medo de avançar para o próximo nível é compreensível. Você se pergunta se está pronto para enfrentar novos desafios e se está disposto a renunciar à segurança atual. O que realmente significa chegar ao próximo nível? Você teme perder a estabilidade que conquistou e se sentir desorientado em meio a mudanças e demandas desconhecidas.

Outro motivo pelo qual a dúvida do sucesso pode surgir é o receio de como esse sucesso pode afetar sua identidade e seus relacionamentos. Você teme que o sucesso possa mudar sua personalidade e transformá-lo em alguém diferente, alguém que você não reconhece ou não deseja ser. Além disso, o medo de críticas e julgamentos também desempenha um papel importante. Você teme ser rejeitado ou mal interpretado pelas pessoas ao seu redor. O sucesso muitas vezes vem acompanhado de inveja e julgamentos negativos, o que pode ser difícil de lidar emocionalmente.

Há também o medo das responsabilidades que o sucesso traz. À medida que você alcança novos patamares, as expectativas sobre você aumentam.

Isso pode ser avassalador e você se questiona se será capaz de lidar com as novas demandas e responsabilidades que virão. O medo de não estar à altura das expectativas pode nos paralisar e nos impedir de buscar o sucesso que merecemos.

Pela perspectiva de Mauricio, a dor é parte essencial do processo de alcançar o sucesso. É por meio do desconforto que mergulhamos no processo de autoconhecimento, compreendendo melhor nossos desejos e aspirações. Com as dificuldades enfrentadas, encontramos um refúgio dentro de nós mesmos, aprendendo a confiar em nossa própria força e sabedoria, o que nos leva a descobrir que sempre fomos a fonte de nossa própria proteção e conhecimento e que, se não fossem situações que nos tiraram da zona de conformo, jamais nos sentiríamos preenchidos – ficaríamos em um eterno vazio, sempre em busca de um sucesso relegado às riquezas supérfluas.

A sensação de desconforto pode ser perturbadora. Tememos as consequências de nossas decisões e nos perguntamos se estamos prontos para lidar com as mudanças que virão. É como se estivéssemos prestes a embarcar em uma montanha-russa, sem saber o que nos espera no próximo *looping*. Mas é justamente nessa transição que as grandes oportunidades se revelam. O desconforto inicial dá lugar a uma sensação de realização, o que pode ser surpreendente e gratificante.

FRACASSO COMO RECOMEÇO – E NÃO UM FIM

Um dos colegas de trabalho de Mauricio, que ouvia atentamente a nossa conversa, nos interrompeu para fazer uma provocação. Ele contou que

Mônica (a real) dizia que o pai só conseguia enxergar o lado bom das coisas e que não era de ficar contando por aí sobre as dificuldades que enfrentou na vida. Ao insistir que ele compartilhasse suas experiências negativas, visando inspirar jovens que estão começando suas carreiras, percebemos que a lógica é a mesma quando se trata da fórmula do sucesso: não existe um jeito único de fazer as coisas.

Mauricio acredita que expor seus percalços para servir de referência às pessoas é o mesmo que avisar que há uma pedra atrás de uma árvore que pode já ter sido removida. E, a depender da definição que cada um atribui ao sucesso, essa pedra pode ser tanto uma rocha quanto um pedregulho. O que é essencial saber, segundo ele, é que o fracasso não é o fim, mas um ponto de partida para um novo começo. Não importa como, quando, onde e o que poderia ter sido feito; diante de um obstáculo, pergunte-se: onde é que eu errei? Onde pisei em falso? Em que preciso melhorar? O resultado estava sob meu controle? O que posso fazer agora para mitigar minhas falhas?

Muitas vezes, vemos o fracasso e o sucesso como dois aspectos opostos, mas eles têm uma relação especial de complementaridade. O sucesso é algo que todos almejamos, é a realização dos nossos objetivos e a conquista daquilo que desejamos. Porém, ele não surge sem os desafios e as dificuldades que enfrentamos ao longo do caminho. E é aí que entra o fracasso.

O fracasso, ao contrário do que muitos pensam, não é algo negativo em si mesmo, mas um indicativo de que ainda há espaço para evoluir. Se você pensar dessa maneira sobre "fracassinhos e fracassões", como Mauricio diz, você pode evoluir para patamares ainda mais altos. De repente, muitas pessoas que fracassaram voam de novo e, quando você vê, já estão fazendo coisas ainda melhores.

É essa interação entre sucesso e fracasso que nos impulsiona a continuar. O sucesso nos dá confiança e motivação para enfrentar novos desafios, enquanto o fracasso nos lembra da importância de não nos acomodarmos, de sempre buscarmos melhorar.

Mauricio responde de forma franca que não tem tempo para ficar lamentando falhas e erros passados, porque acredita que "chorar sobre o leite derramado" apenas o impediria de realizar algo que, naturalmente, compensaria as perdas anteriores – e os momentos ruins servem para nos preparar para algo melhor. Talvez seu otimismo seja considerado fora da realidade (e ele mesmo admite isso), mas está mais do que claro que essa habilidade foi bem útil em sua jornada.

Quando passamos por momentos difíceis, quando as coisas não saem como planejamos, aprendemos a dar mais importância às conquistas, por menores que sejam. Quando reconhecemos nossas conquistas em outras ocasiões, sentimos a confiança de seguir em frente. Cada passo dado em direção ao sucesso se torna ainda mais significativo. E o sucesso, por sua vez, nos ajuda a lidar com o fracasso de forma mais saudável. Como diz Mauricio: "Se você não viu uma pedra, tropeçou e caiu, aprenda então a se equilibrar".

Não há um caminho predeterminado para o sucesso, mas sim um conjunto de princípios fundamentais que devemos adotar em nossa jornada. O verdadeiro sucesso não se limita a uma única área da vida. O sucesso autêntico exige equilíbrio em todos os aspectos, abrangendo não apenas o âmbito profissional, mas também as relações pessoais, a saúde física e mental e a conexão com algo maior que nós mesmos.

Quando olhamos para Mauricio, vemos alguém que abraçou o sucesso sem medo. Ele expressa orgulho pelo que faz e não sente tristeza, abatimento ou vergonha por isso. Pelo contrário, considera maravilhoso o fato de as pessoas gostarem do seu trabalho e, especialmente, de ter contribuído com a alfabetização dos brasileiros. Ele diz que essa é a sua maior conquista.

Por não frequentar muitas festas e gostar de passar o tempo em sua própria companhia, muitas pessoas acham que Mauricio é um homem solitário. Mas ele diz que está longe de experimentar o sentimento de solidão. Porque, ao mesmo tempo que gosta de ficar sozinho, lendo seus jornais e pensando na vida, ele adora estar cercado de pessoas, sobretudo de crianças e de seus fãs no geral, com quem sente uma alegria em conversar e tirar fotos. E é isso o que lhe dá a maior sensação de realização. Enquanto estiver acompanhado pela sua paixão e por pessoas com quem possa compartilhar seu propósito, ele sempre estará com a sua "medalha no peito", como ele carinhosamente apelidou o sucesso.

O RISCO DE DAR TUDO ERRADO... MAS DE DAR MUITO CERTO

Em 1979, Mauricio teve a ideia de criar a Loja da Mônica. Em um primeiro momento, houve resistência por parte de sua equipe, que alegava ser uma ideia arriscada, já que ninguém tinha conhecimento sobre o mercado de varejo. Mas era justamente essa oportunidade de conhecer algo novo que acendia em Mauricio a ânsia de aprender, experimentar e apostar em algo que ajudaria significativamente a aumentar ainda mais a presença de sua marca no dia a dia dos brasileiros. Mauricio visitou um shopping em São Paulo para verificar e analisar como eram as lojas. Ele procurou vendedores e gerentes para entender como funcionavam os estabelecimentos...

e saiu de lá com o local decidido para abrir a primeira loja. Inicialmente, a Mônica virou balconista do empreendimento. Sendo um visionário nato, ele já tinha todo um plano de expansão traçado; só faltava colocar em prática. Em cinco anos, a MSP abriu 34 lojas da Mônica em 11 estados. Atualmente a MSP não atua mais diretamente no varejo, mas chega aos consumidores por meio de seus primeiros licenciados, que são os responsáveis pela distribuição dos produtos. Além de ter 200 empresas licenciadas produzindo mais de 4 mil produtos.

Enquanto muitos indivíduos tendem a evitar situações incertas e arriscadas, os empreendedores têm uma disposição para assumir desafios e enfrentar a incerteza. Embora o caminho do empreendedorismo esteja repleto de desafios, é nesse momento que a persistência se torna fundamental.

Um artigo da *Harvard Business School* investigou os traços de personalidade dos empreendedores e revelou que a aptidão à tomada de riscos é o que define um empreendedor. Eles abraçam os riscos inerentes ao processo de iniciar e desenvolver um negócio e reconhecem sua importância para o sucesso.[39]

Já um estudo da TalentSmart apontou que 90% dos profissionais de alto desempenho têm a habilidade de gerenciar suas emoções de maneira eficaz, mesmo sob altos níveis de estresse. No entanto, dominar a arte de manter o equilíbrio nos momentos de tensão exige prática. Embora algumas tenham mais facilidade para se arriscar do que outras, qualquer pessoa é capaz de

---

39. https://www.hbs.edu/ris/Publication%20Files/KKX-Personality-Review_RIS_5ea5da25-c8ab-41d2-90ee-e30b3d5b071c.pdf

aprender a se sentir confiante para assumir riscos quando aprende a gerir o medo do fracasso.

Mauricio não alimentava o seu medo de errar não porque tinha certeza de que tudo sairia como planejado, mas porque várias vezes precisou ajustar sua rota para se adaptar aos fatores que não estavam sob seu controle e confiar nos direcionamentos da sua intuição. Para ele, é preciso lutar contra a tempestade do jeito que ela vier, pois ser um empreendedor de sucesso é tomar as rédeas do seu próprio destino. É desse jeito que, nos momentos de turbulência, conseguimos silenciar a nossa mente e enxergar para onde o vento está soprando.

Colecionando momentos de desafios, tensões, erros e acertos, Mauricio transformou um estúdio, que começou com três funcionários dentro de um pequeno apartamento alugado, em um império de mais de 250 colaboradores; criou mais de 400 personagens; produziu milhares de tiras, livros e gibis; adaptou suas histórias para cinema e teatro; criou parques temáticos; abriu lojas; e conquistou um espaço significativo nas mídias sociais.

Ele sempre teve uma perspectiva ampla de sua arte, e não se contentou em criar apenas personagens e histórias para entreter o público momentaneamente. Em vez disso, construiu um universo vasto e diversificado, repleto de personalidades cativantes que têm um impacto profundo e significativo na cultura popular brasileira. Sua visão de longo prazo o levou a desenvolver enredos complexos, relacionáveis e atemporais, garantindo que suas criações continuassem relevantes ao longo dos anos.

Além de suas criações memoráveis, Mauricio também tinha em mente a importância de expandir seu trabalho para diferentes mídias e plataformas. Ele compreendeu que a visão de longo prazo envolvia não apenas as histórias em quadrinhos, mas também a televisão, o cinema, os parques temáticos e até mesmo o universo digital. Essa abordagem estratégica permitiu que suas criações se conectassem com audiências de diferentes idades.

Uma visão de longo prazo aliada à persistência é o que permite ao empreendedor construir um negócio sólido e duradouro. De acordo com o Serviço Brasileiro de Apoio às Micro e Pequenas Empresas (Sebrae), 60% das empresas fecham em até 5 anos de atividade, sendo que em 55% desses casos o empreendedor não tinha um plano de negócios e, em 40%, não tinham objetivos e metas definidos.[40]

A MSP enfrentou diversas crises econômicas ao longo de sua história, mas a resiliência e a capacidade de adaptação foram fundamentais para sua sobrevivência e crescimento contínuo. Mauricio costuma dizer que abre uma empresa nova todo dia, porque as experiências desafiadoras só fortalecem seu propósito e permitem que ele sempre encontre novas oportunidades, mesmo em momentos de incerteza.

Enquanto muitos podem estar atrás de ganhos rápidos e resultados imediatos, o empreendedor perseverante mantém seu foco no futuro, entendendo que o sucesso exige tempo, esforço e dedicação contínua. Mauricio estava (e está) disposto a enfrentar os altos e baixos do empreendedorismo, porque ele sabia que cada desafio superado o aproximava cada vez mais de suas metas.

Ele sempre acreditou que conseguiria alcançar seus objetivos. Para ele, fazia todo sentido, de maneira lógica e racional, que algumas das coisas que imaginava poderiam exigir mais tempo, trabalho árduo, pesquisa, estudo ou

---

40. https://empresta.com.br/franquias/o-que-e-visao-estrategica/

qualquer outro esforço necessário. Muitas vezes, quando uma ideia ou plano não dava certo, ele enxergava isso como uma oportunidade para alcançar um resultado ainda melhor de uma maneira diferente, tendo a crença inabalável de que tudo na vida tem caminhos alternativos. Se algo não desse certo, tudo bem, ele estaria pronto para esquecer e seguir em frente, avançando em direção ao próximo desafio.

Em um dos momentos descontraídos da nossa conversa, Mauricio diz: "Era para irmos às estrelas, mas não chegamos lá, então fomos para a Lua. Então era mesmo para irmos para o outro lado. Por que lamentar? Não há motivos para isso. Afinal, aprendemos sempre, não é mesmo?". Admirando sua sabedoria, eu comento: "Sua perspicácia está profundamente enraizada em sua experiência de vida", e ele responde com humor: "Ou talvez seja teimosia. Sou teimoso assim mesmo!".

CAPÍTULO 8

O Valor da Equipe

E O BEM DE MUITOS

Quando entramos nas instalações da MSP, em São Paulo, encontramos um verdadeiro universo de talento e criatividade. Ao cruzar a entrada, somos recebidos pela equipe que cuida de eventos, shows e shoppings. À medida que avançamos pelas dependências, nos deparamos com a área responsável pelas ilustrações de livros. Aqui, uma infinidade de histórias ganha vida por meio dos pincéis e da imaginação dos seus talentosos artistas. A cada página colorida, a cada traço cuidadoso, percebemos o amor e a dedicação que são depositados nas obras.

Em seguida, nos deparamos com o coração pulsante da empresa: a área de quadrinhos. Um verdadeiro frenesi criativo toma conta do ambiente, onde cerca de 1.200 páginas são produzidas por mês. É um verdadeiro desfile de personagens icônicos, diálogos envolventes e enredos que cativam leitores de todas as idades. No corredor à esquerda, encontramos a área de colorização, onde as histórias ganham vida com cores vibrantes e encantadoras. Cada detalhe é minuciosamente trabalhado para proporcionar uma experiência visual impactante aos leitores.

Mais adiante, somos apresentados ao departamento de roteiristas, uma equipe composta por profissionais contratados e freelancers que trabalham de todos os cantos do país, do Amazonas até o Rio Grande do Sul. Ao lado, encontra-se o departamento da *Mauricio de Sousa Production*, responsável por coordenar o escritório do Japão. A comunicação entre os profissionais daqui e de lá é fundamental para garantir a qualidade e a integração das produções em ambos os países.

Nos recantos mais distantes, encontramos a área das pranchetas, onde ficam os desenhistas que preferem o jeito tradicional de trabalhar. Esses artistas são igualmente ágeis e talentosos, acompanhando o ritmo frenético de produção digital. E, avançando pelos corredores da MSP, nos deparamos com um setor fundamental para o processo criativo: a finalização das artes. É nessa etapa que cada detalhe é cuidadosamente aprimorado, conferindo vida e expressão às figuras.

Mas o que torna esse departamento ainda mais fascinante é o uso inovador da tecnologia. Equipados com tablets modernos, os artistas realizam a arte-final diretamente nessas plataformas digitais (antigamente o processo consistia em passar o nanquim sobre o desenho). A importância desse processo ágil de arte não pode ser subestimada. Quando consideramos uma tiragem mensal de 2 milhões de revistas, compreendemos a magnitude dessa tarefa. E não podemos esquecer que há ainda mais produções em diferentes formatos.

Dá para imaginar que tudo isso começou com uma pessoa só: o Mauricio? Desde o início, Mauricio teve uma visão clara de que formar uma equipe talentosa era essencial. Ele começou a atrair pessoas que admirava e a compartilhar com elas seu conhecimento e técnica. Delegar tarefas não foi um processo fácil. Afinal, Mauricio havia sido responsável por todos os traços, cada diálogo e cada detalhe das histórias que conquistaram tantos leitores. A ideia de permitir que outras pessoas escrevessem suas histórias ou trabalhassem em seus personagens causava um misto de ansiedade e ciúme. Mas essa era a única maneira de expandir seus horizontes e atender à demanda, principalmente se quisesse crescer e se tornar concorrente de uma gigante como a Disney. Então, gradualmente, ele começou a formar pequenas equipes, capacitando e orientando cada membro individualmente. Ao confiar em pessoas talentosas e ensiná-las a capturar seu estilo, ele pôde se concentrar em tarefas mais estratégicas e na supervisão geral da produção.

Mauricio precisava superar a barreira do estilo de desenho para levar seus personagens além das fronteiras brasileiras. Era um desafio peculiar para ele, acostumado a ser o único responsável por dar vida aos seus personagens. Ver outras pessoas tentando reproduzir seu estilo era estranho e, às vezes, até mesmo doloroso. Ele chegou a pegar na mão de alguns desenhistas para mostrar como deveriam ser os traços, os detalhes e as proporções dos personagens. Além disso, comprou livros estrangeiros para estudar e entender como poderia ensinar sua equipe a reproduzir seu estilo.

Para que os brasileiros imediatamente reconhecessem seu estilo e se identificassem com seus personagens, era necessário estabelecer uma padronização e um manual de diretrizes. Assim, Mauricio montou uma linha de produção cuidadosamente estruturada, na qual cada membro da equipe desempenhava um papel específico. Ele desenvolveu um manual que detalhava os principais elementos de seus personagens, como proporções corporais, expressões faciais e características marcantes. Esse manual servia como referência para todos os desenhistas e artistas envolvidos na produção.

A padronização dos personagens era essencial para garantir que, não importasse quem estivesse trabalhando naquele momento, os desenhos sempre seguiriam a mesma linha estilística. Era uma forma de assegurar que a essência visual de cada personagem fosse preservada e que todo mundo na empresa falasse a mesma língua, mantendo a identidade única de Mauricio de Sousa.

No início de sua carreira, ele enfrentou dificuldades de organização e gestão, uma vez que sempre trabalhou sozinho. Sem recursos para contratar administradores e gerentes, sua abordagem desorganizada e falta de processos definidos levaram a atrasos em projetos e insatisfação dos colaboradores. Foi então que Mauricio percebeu que precisava assumir o papel de líder e adotar uma postura mais estratégica.

Os desafios começaram a surgir rapidamente. Liderar uma equipe não era apenas dar instruções e esperar que todos fizessem o que foi pedido. Mauricio precisou estabelecer uma comunicação clara, alinhar expectativas, confiar nos outros, permitir que assumissem responsabilidades, motivar os membros e resolver conflitos que surgiam no caminho.

Um estudo da McKinsey descobriu que os funcionários querem interação, não apenas transações, e que os três principais motivos para pedir demissão citados pelos entrevistados foram não se sentirem valorizados por suas empresas (54%); não se sentirem valorizados por seus gerentes (52%) e não se sentirem pertencentes ao trabalho (51%).[41] De maneira intuitiva e sem conhecimentos de pesquisas empresariais, Mauricio percebeu que, para construir uma equipe eficaz, era necessário criar um ambiente de trabalho em que os funcionários se sentissem valorizados e parte de algo maior. E o principal: que todos pudessem sonhar com ele.

A FILOSOFIA MAURICIANA E A BAIXA TAXA DE ROTATIVIDADE

Enquanto andávamos pelos corredores do estúdio, Mauricio foi abordado por um admirador que pediu para gravar um vídeo com ele. Com um sorriso gentil, parou para atender ao pedido, enquanto o fã expressava sua

---

41. https://www.mckinsey.com/capabilities/people-and-organizational-performance/our-insights/great-attrition-or-great-attraction-the-choice-is-yours

gratidão, olhando para a câmera: "Um grande abraço para o nosso ícone, o pai da Turminha da Mônica, um beijo do coração. Você é uma pessoa iluminada. Muito obrigado". Acenando, Mauricio respondeu com um simpático "Tchau, tchau". Depois, ele cumprimentou com um toque no ombro um funcionário que passava. Uma mulher cruzou nosso caminho e também foi cumprimentada calorosamente.

Durante meus encontros com ele, pude observar a interação natural de Mauricio com as pessoas com quem trabalha. Esses pequenos gestos revelavam a essência de um empreendedor, presidente de uma empresa e figura pública, cujo jeito único de ser moldou a MSP em uma organização na qual as equipes trabalham em sinergia e os funcionários permanecem por décadas.

Em um mundo onde a rotatividade profissional é cada vez mais comum, a MSP tem o privilégio de contar com uma equipe cujos membros dedicaram sua vida profissional à empresa, alguns deles ultrapassando a marca impressionante de 50 anos de serviço. A empresa concede troféus aos funcionários que alcançam marcos significativos na MSP, cada um representando uma quantidade de tempo de serviço: o troféu de bronze é concedido aos funcionários que ultrapassam a marca de 10 anos de serviço; o de prata, a marca de 20 anos; e o de ouro aos que chegam à marca de 50 anos.

No mercado de trabalho atual, observa-se uma mudança significativa nos objetivos dos trabalhadores. De acordo com o Índice de Tendência de Trabalho da Microsoft 2022, 43% dos funcionários estão considerando mudar de emprego em 2023. Essa alta taxa de rotatividade é chamada de "grande demissão".[42]

---

42. https://www.microsoft.com/en-us/worklab/work-trend-index/great-expectations-making-hybrid-work-work

Uma das principais razões para essa procura por novas oportunidades está relacionada à busca por propósito e significado no trabalho. Cada vez mais profissionais estão procurando organizações que compartilhem seus valores e estejam comprometidas com causas relevantes. Afinal, ter um propósito claro no ambiente de trabalho é um fator fundamental para que as pessoas se mantenham engajadas e satisfeitas em seus empregos.

Outro estudo, realizado pela IBM[43] em 2019, evidenciou essa demanda por um maior alinhamento entre os colaboradores e os objetivos das empresas. De acordo com a pesquisa, 72% dos entrevistados afirmaram não conhecer os objetivos de suas organizações. Essa falta de clareza e transparência quanto aos propósitos e às metas corporativas pode levar a uma perda de engajamento e motivação por parte dos funcionários, resultando em um desejo de buscar novas oportunidades, onde possam encontrar maior alinhamento com seus próprios objetivos.

A cultura organizacional é um pilar fundamental para o sucesso de qualquer empresa. Ela vai além de políticas e processos, transcende as estruturas físicas e se enraíza na identidade e no propósito da marca. No caso da MSP, a identificação com a marca e o propósito que ela carrega desempenham um papel crucial na construção de uma cultura forte.

A empresa é muito mais do que um logotipo ou um conjunto de personagens icônicos. Ela representa um universo de encantamento e mensagens positivas que atravessam gerações. Há uma identificação profunda entre os profissionais que estão ali e a oportunidade de contribuir para a construção do imaginário infantil das crianças. É um privilégio poder impactar a formação de tantos indivíduos e fazer a diferença em diversas partes do mundo.

---

43. https://blog.portalpos.com.br/importancia-do-trabalho-em-equipe/

O propósito que permeia a MSP cria um senso de significado e valor para os colaboradores. Evidências científicas comprovam que uma cultura organizacional forte traz benefícios não apenas para a empresa, mas também para suas partes interessadas. Um estudo realizado pela Texas Christian University revelou a correlação entre satisfação dos colaboradores, lealdade e lucro. Os resultados mostraram que investir na construção e manutenção de uma cultura positiva é essencial para que os colaboradores se sintam valorizados e capazes de entregar serviços de excelência aos consumidores.[44]

O alinhamento com os valores e a missão da empresa também desempenha um papel crucial na construção de uma cultura sólida. No entanto, estudos demonstram que nem todos os colaboradores se sentem fortemente conectados à missão de suas empresas. O relatório de 2016 da Gallup revelou que apenas 40% dos funcionários *millennials* entrevistados sentiam-se fortemente ligados à missão de suas empresas.[45]

Para comandar uma empresa com sucesso, os líderes devem incorporar altos padrões éticos e morais. Segundo um estudo publicado pela *Harvard Business Review*, líderes globais classificaram esses padrões como a competência mais importante entre as 74 qualidades de liderança avaliadas.[46]

Mauricio sempre reforça a importância da honestidade para orientar nossas ações. Ele frequentemente enfatiza que a equipe deve evitar ações ilícitas,

---

44. https://repository.tcu.edu/bitstream/handle/116099117/19901/Imaizumi_Matthew-Honors_Project.pdf?sequence=1&isAllowed=y
45. https://www.entrepreneur.com/leadership/how-to-engage-employees-through-your-company-vision/290803
46. https://www.entrepreneur.com/leadership/why-teamwork-is-the-key-to-customer-satisfaction/346794

como o plágio, e agir com integridade em todas as atividades. O registro de todas as ações é essencial para garantir a transparência e a conformidade com leis e regulamentos.

Além disso, o respeito mútuo é um valor essencial na MSP. Todos os membros do time devem se tratar com respeito e consideração. O trabalho em equipe é valorizado e incentivado, pois sabe-se que só se pode alcançar resultados significativos quando colaboração e trabalho andam juntos.

A MSP também valoriza a curiosidade e a iniciativa. A empresa incentiva os funcionários a expandir seus horizontes, explorando diferentes áreas de interesse. Não há restrições nem a necessidade de se ater apenas a uma função específica, pois acredita-se que o profissional pode se destacar em diversas áreas. Mauricio frisa a importância de ter uma visão holística, em que cada ideia pode se transformar em diversos produtos ou iniciativas, como filmes, livros, teatro, internet, canais no YouTube, videogames e aplicativos móveis. O objetivo é fomentar a criatividade em todas as suas formas.

De acordo com as pesquisas de J. Richard Hackman, renomado estudioso de equipes, o que mais importa não são as personalidades individuais ou os comportamentos dos membros, mas sim a presença de uma direção convincente, uma estrutura sólida e um contexto de apoio. Essas três "condições facilitadoras" são vitais para o sucesso das equipes.[47]

Quando os colaboradores têm acesso a informações relevantes, são ouvidos e contam com a oportunidade de expressar suas ideias e preocupações, eles se sentem parte integrante da organização. A comunicação eficaz aumenta a retenção de funcionários em 4,5 vezes em comparação a empresas que não priorizam

---

47. https://hbsp.harvard.edu/product/R1606E-PDF-ENG

a comunicação no local de trabalho. Isso cria um senso de pertencimento e valorização, tornando-os mais propensos a permanecer em seus empregos. No relatório da Achievers, 52% dos funcionários disseram que permanecem em um emprego porque se sentem valorizados e apoiados.[48]

Por outro lado, é necessário também encontrar as pessoas certas para seu negócio. Quando você reúne indivíduos com habilidades complementares e valores alinhados, cria-se uma dinâmica poderosa. A equipe se torna mais do que a soma de suas partes. Ter as pessoas certas no lugar certo pode levar a um aumento significativo da produtividade. Quando cada membro da equipe está em um papel adequado às suas habilidades e competências, ele é capaz de realizar suas tarefas de forma mais eficiente e eficaz. Pesquisas recentes revelam que funcionários engajados são 17% mais produtivos do que seus pares[49] e têm 87% menos chances de deixar a organização,[50] o que resulta em maior estabilidade e retenção de talentos.

Ao ter uma equipe composta por pessoas que compartilham os mesmos valores e objetivos, você cria uma cultura organizacional positiva. A cultura da empresa é moldada por atitudes, comportamentos e interações dos colaboradores. Quando as pessoas certas estão presentes, a cultura é fortalecida, resultando em um ambiente de trabalho saudável, colaborativo e

---

48. https://www.entrepreneur.com/leadership/how-to-engage-employees-through-your-company-vision/290803
49. https://www.forbes.com/sites/forbeshumanresourcescouncil/2018/06/22/four-lessons-from-companies-that-get-employee-engagement-right/?sh=77636bde21bd
50. https://www.inc.com/elizabeth-kiehner/whats-forgotten-in-cultures-and-your-companys-obsession-with-technology.html#:~:text=A%20survey%20of%20over%2050%2C000,those%20who%20are%20not%20engaged

motivador. Isso, por sua vez, atrai talentos de qualidade e retém os melhores profissionais, como acontece na MSP.

AUTONOMIA SEM PERDER O CONTROLE

Dentro da MSP, existe um senso de parentalidade em relação aos personagens criados por Mauricio. Enquanto Mauricio é considerado o pai desses personagens, os artistas e criadores são vistos como seus padrinhos, que receberam emprestadas essas figuras icônicas para dar vida e criar histórias. É como se eles tivessem a responsabilidade de brincar com esses personagens, levá-los para passear no parque da imaginação e, em seguida, devolvê-los ao cuidado do pai.

No mundo empresarial de hoje, reconhece-se cada vez mais a importância de dar autonomia aos funcionários. Um estudo conduzido pela Universidade de Rutgers, nos Estados Unidos, demonstrou que os colaboradores que recebiam supervisão mais branda apresentavam maior identificação com o negócio, mais confiança e, consequentemente, alcançavam melhores resultados.[51]

A autonomia é uma necessidade humana fundamental e um componente essencial para um ambiente de trabalho saudável. Ela preenche nossa necessidade de motivação, conforme explicado por Ben Dattner, psicólogo organizacional e fundador da Dattner Consulting. Quanto maior a autonomia, menor a rotatividade e maior a criatividade, a inovação e o desempenho.

No entanto, esse relacionamento entre Mauricio e sua equipe também pode trazer desafios e conflitos. Administrar uma empresa com mais de

---

51. https://rockcontent.com/br/blog/autonomia-no-trabalho/

250 colaboradores, todos contribuindo para uma obra que precisa continuar a nascer do próprio Mauricio, certamente exige uma gestão forte de alinhamento e padronização. A equipe afirma que é importante trazer constantemente o DNA do Mauricio para o universo digital, pois esse é um valor agregado significativo. A Turma da Mônica é mais do que apenas uma marca; é um universo no qual as pessoas podem interagir, independentemente de comprarem produtos relacionados ou não. Existe uma conexão profunda com os personagens, uma familiaridade que vai além do consumo de produtos, e essa é uma das principais características do universo criado por Mauricio, que deve ser assegurada por todos.

É evidente que Mauricio passou o bastão da arte para sua equipe, mas ele o moldou cuidadosamente. Os personagens da Turma da Mônica são dotados de uma essência que reflete os valores e princípios que Mauricio considera importantes. Por exemplo, ele desenvolveu os personagens de forma que não fizessem nada que uma criança não faria ou que os pais não permitissem que elas fizessem (de acordo com sua época). Há uma responsabilidade em manter esses personagens alinhados com essa essência bem moldada, preservando a filosofia e transmitindo orgulho aos fãs que levam para casa produtos relacionados a eles.

Dentro da empresa, existem pessoas-chave, que são responsáveis por transmitir a filosofia de Mauricio, como a diretoria e os funcionários mais antigos, considerados guardiões dessa filosofia. Eles são os detentores das memórias e dos conhecimentos que permeiam o universo de Mauricio. Quando surge uma pergunta sobre o que um personagem específico faria em determinada situação, é comum que todos se voltem para essas referências dentro da equipe, pois são elas que carregam as informações e recordações que podem dar o melhor direcionamento para a situação.

À medida que sua empresa cresce, é importante evitar uma estrutura hierárquica muito rígida, que limite a adaptabilidade. Em vez disso, estabeleça diretrizes claras sobre a qualidade, o prazo e o propósito de um projeto, e permita que sua equipe decida como executá-lo. Especifique o objetivo, não os meios. Isso incentiva a criatividade e possibilita que as pessoas tomem decisões no momento certo. Embora a execução possa diferir de sua abordagem, a estratégia desenvolvida pelos funcionários pode ser tão boa ou até melhor.

Mas como podemos conceder independência aos funcionários sem perder o controle? Essa é uma pergunta frequente entre os empreendedores. Uma das primeiras etapas é conhecer a si mesmo. Ao permitir que os outros tenham mais liberdade e responsabilidade, é essencial compreender seus próprios limites. É preciso estar seguro o suficiente para contratar profissionais com mais experiência em áreas específicas e confiar em suas competências, mesmo que você não compreenda todos os detalhes do que estão fazendo. Essa confiança mútua é fundamental para estabelecer uma relação saudável de independência e colaboração.

Defina claramente objetivos, metas e expectativas para cada projeto ou tarefa. Certifique-se de que todos os funcionários entendam o que é esperado deles e quais são os limites de autonomia. Isso proporciona direção e ajuda a evitar mal-entendidos.

Para isso, é necessário manter uma comunicação aberta e frequente com os funcionários, criando um ambiente em que todos se sintam à vontade para expressar opiniões e debater questões relevantes. A comunicação eficaz ajuda a manter o controle, pois você está ciente do que está acontecendo e pode intervir quando necessário. Uma pesquisa realizada por David Grossman em "The Cost of Poor Communications", que envolveu 400 empresas, atingindo o total de 100 mil funcionários, mostrou que a má comunicação entre os colaboradores custa a cada empresa uma média de 62,4 milhões de dólares por ano. Esses números destacam a necessidade urgente de estabelecer uma cultura de comunicação sólida dentro das empresas. [52]

NADA SE CRIA SOZINHO

Mauricio afirma que criar histórias não é uma tarefa solitária, mas coletiva. Há mais de três décadas seu foco não é mais a criação, pois ele conta com uma equipe de diversos roteiristas que trazem vida a suas ideias. Durante muitos anos, os nomes dos artistas não eram creditados nas histórias, porque ele queria transmitir a ideia de que o trabalho era feito por todos e que cada um dos membros da equipe contribuía para o resultado.

Com o passar do tempo, no entanto, Mauricio percebeu que dar visibilidade aos artistas era uma forma de valorizar e reconhecer publicamente seu talento e dedicação. Foi então que, a partir de 2015, Mauricio decidiu colocar os nomes dos artistas na primeira página das histórias. Essa simples mudança teve um impacto significativo na equipe. Os artistas se sentiram mais valorizados e reconhecidos por seu trabalho.

---

52. https://pumble.com/learn/communication/communication-statistics/

Um estudo realizado pela Achievers mostrou que 90% dos funcionários afirmam que o reconhecimento direto por parte dos gestores os motiva a trabalhar mais. Porém 41% não se sentem valorizados.[53]

Apesar de as equipes terem autonomia para usar sua imaginação, elas precisam respeitar certos limites. O desafio diário é encontrar um equilíbrio entre criatividade e responsabilidade. A lista de restrições e recomendações aos roteiristas tem aumentado nos últimos tempos, pois ações e ideias que eram bem-vistas antes podem, hoje, ser mal-interpretadas. Por exemplo, um dos entraves que muitas vezes incomoda os criadores é o "politicamente correto". Isso pode limitar um pouco a liberdade de pensamento e criação, mas Mauricio entende a importância de se adaptar aos hábitos e costumes da sociedade. Quando Mauricio desaprova um termo, ele costuma traçar um círculo em volta com sua caneta vermelha, uma forma sutil de mostrar sua desaprovação, e os roteiristas já entendem o que precisa ser feito.

O politicamente correto impõe limites até certo ponto, mas às vezes Mauricio pede à equipe para ir um pouco além, desobedecer um pouco mais, e até agora isso não tem causado grandes problemas. No âmbito político, felizmente, não tiveram muitos problemas. Além disso, ele tem a preocupação constante de transmitir mensagens positivas e pregar a paz, o amor e a concórdia. Isso serve como um contra-ataque às eventuais críticas. Portanto, as equipes evitam assuntos que possam ser desagradáveis ou inadequados para o momento atual.

A MSP conta também com uma equipe que lê os roteiros com sensibilidade, procurando identificar partes da história que possam ser desagradáveis ou que

---

53. https://www.achievers.com/resources/white-papers/2020-engagement-retention-report/

não estejam de acordo com o que é adequado socialmente no momento. É uma forma de estarem sempre atentos às demandas e necessidades do público.

UM ORGANISMO VIVO

À medida que a MSP se expandia e conquistava novos territórios, ficava cada vez mais evidente a importância de cultivar uma equipe diversificada. Ao olhar para os corredores, é possível notar um verdadeiro mosaico de pessoas. Cada uma delas traz consigo uma bagagem única, enriquecendo o ambiente de trabalho com suas perspectivas diversas. São profissionais de diferentes gerações, com histórias, visões de mundo e culturas distintas, oriundas de diferentes partes do país e até mesmo do mundo.

Cada um desses artistas traz consigo uma parte de si mesmo para o "código-fonte" da MSP, ou seja, eles enriquecem o conjunto de princípios, valores, cultura e estratégias que fundamentam e guiam as atividades e decisões da organização. Com mais de trinta anos de trabalho conjunto, a MSP se transforma naturalmente, adaptando-se às demandas do mercado e às mudanças sociais. Um verdadeiro organismo vivo.

Essa diversidade não é apenas um detalhe superficial, mas um fator essencial para a MSP. Com tantas mentes brilhantes e distintas reunidas em um só lugar, a empresa se tornou capaz de adaptar-se às transformações sociais e acompanhar as demandas de um público cada vez mais plural.

Um dos aspectos fundamentais que a MSP busca praticar dentro da empresa é fazer com que o discurso não seja vazio, apenas uma fachada. Quando os personagens têm comportamentos e discursos que são referências sociais, eles procuram internalizar essas mensagens no ambiente de trabalho, pois acreditam que é importante aplicar em seus corredores o que eles transmitem por meio dos personagens.

Dessa forma, ao explorarmos a diversidade ou questões relacionadas a minorias nas histórias, a MSP busca refletir essa diversidade internamente, contratando profissionais de diferentes origens e condições e dando-lhes oportunidades de trabalho e responsabilidade. Isso torna a empresa mais diversa e em constante transformação.

Estudos realizados por instituições renomadas reforçam a importância da diversidade nas empresas. A consultoria McKinsey constatou que negócios que valorizam a diversidade no processo de recrutamento têm resultados 25% melhores do que empresas que não investem nisso.[54] A *Harvard Business Review* mostra que empresas com liderança diversificada têm maior probabilidade de conquistar novos mercados e experimentar um crescimento significativo.[55] A diversidade não apenas impulsiona a inovação, mas também melhora o desempenho do conselho de administração e fortalece os relacionamentos com investidores.

A diversidade traz uma multiplicidade de perspectivas e ideias para o trabalho. Essa variedade de pensamentos estimula a criatividade e leva a melhores tomadas de decisão. Uma equipe composta por pessoas de diferentes origens e vivências pode identificar desafios e oportunidades com maior eficiência, desenvolvendo soluções inovadoras. Além disso, uma força de trabalho diversificada permite que as empresas entendam

---

54. https://www.mckinsey.com/capabilities/people-and-organizational-performance/our-insights/why-diversity-matters
55. https://www.gupy.io/blog/diversidade-nas-empresas

melhor os clientes, com suas características, peculiaridades e preferências, e consigam oferecer um produto ou serviço que atenda às suas necessidades reais. Isso proporciona uma vantagem competitiva significativa no mercado.

BARREIRAS GERACIONAIS

À medida que a MSP se consolidava como uma referência no mundo dos quadrinhos, Mauricio se viu diante de um desafio constante: manter-se atualizado e conectado com as mentes jovens e criativas que emergiam no cenário artístico. Ele percebeu que, à medida que o tempo passava, sua visão sofria ruídos. O que para ele era bom nem sempre se apresentava da mesma forma para as mentes jovens que se juntavam à equipe. Por exemplo, sua filha Marina, inspiração para a personagem homônima, ao ler os roteiros, começou a trazer perspectivas e opiniões que muitas vezes eram diferentes das de Mauricio. Foi então que Mauricio se deu conta de que estava envelhecendo.

"Não bastava apenas olhar para o meu próprio passado e os sucessos que eu havia alcançado; era necessário abrir espaço para as novas gerações deixarem sua marca." Isso significava ouvir opiniões não apenas em relação a roteiros, desenhos, música e composição, mas também em todas as esferas, inclusive no mundo digital.

Hoje, o mercado de trabalho é composto por diferentes gerações, cada uma com sua bagagem, experiência e expectativas. Os *baby boomers*, a geração nascida entre 1946 e 1964, trazem uma riqueza de experiência e conhecimento. Muitos deles são valorizados por suas habilidades de liderança, capacidade de resolver problemas e adaptabilidade.

Outro grupo é a geração X, composta por indivíduos nascidos entre as décadas de 1960 e 1980. Eles cresceram em uma era de transição tecnológica e mudanças sociais significativas, portanto tendem a valorizar a estabilidade e o trabalho árduo. Contudo, podem enfrentar dificuldades em se adaptar às novas tecnologias e às demandas de um ambiente de trabalho mais flexível e colaborativo.

Por outro lado, a geração Y, também conhecida como *millennials*, nasceu entre as décadas de 1980 e 2000. Esses profissionais cresceram em uma era de rápida evolução tecnológica e valorizam a flexibilidade, a autonomia e o equilíbrio entre trabalho e vida pessoal. Eles tendem a ser mais adeptos à utilização de ferramentas digitais e à busca por um propósito maior no trabalho.

A geração Z, por sua vez, é composta pelos mais jovens no mercado de trabalho, nascidos a partir dos anos 2000. Esses profissionais cresceram em um mundo altamente conectado, com acesso fácil à informação e uma ampla gama de opções de carreira. Eles são conhecidos por sua habilidade em utilizar a tecnologia de forma natural, mas podem enfrentar desafios em termos de habilidades de comunicação interpessoal e paciência.

O conflito de gerações no ambiente de trabalho ocorre quando essas diferenças geracionais entram em choque, criando atritos e dificuldades de comunicação. Os profissionais mais jovens podem se sentir frustrados com a resistência à mudança e à adoção de tecnologias mais recentes, enquanto os mais experientes podem se sentir desafiados ou desvalorizados pelas novas formas de trabalhar.

Um estudo recente conduzido pelo Addison Group, com a participação de mil trabalhadores representando diferentes gerações, revelou que, embora a maioria dos entrevistados (90%) tenha relatado satisfação com a presença de diferentes faixas etárias em suas empresas, 35% acreditam que a cultura e os processos organizacionais favoreçam uma geração em detrimento das demais.[56]

Gerenciar o conflito intergeracional requer uma abordagem sensível e estratégica por parte dos líderes e gestores de recursos humanos. É importante ressaltar que os conflitos de gerações não são apenas uma fonte de problemas, mas também uma oportunidade para o crescimento e a inovação nas empresas. Uma pesquisa conduzida pelas consultorias ASTD Workforce Development e VitalSmarts revelou que os conflitos entre diferentes gerações no ambiente de trabalho não apenas afetam o clima organizacional, mas também têm um impacto significativo na produtividade das empresas. De acordo com o estudo, um em cada três entrevistados afirmou que suas organizações gastam cinco horas ou mais, por semana, gerenciando conflitos geracionais. Essa significativa quantidade de tempo dedicada à resolução de conflitos resulta em uma perda estimada de 12% na produtividade.[57]

É fundamental reconhecer que cada geração traz consigo valiosos pontos fortes e habilidades. Em vez de focar as diferenças, é necessário promover a colaboração e o respeito mútuo, incentivando o compartilhamento de conhecimentos e experiências. Uma abordagem eficaz para lidar com o conflito de gerações é a criação de um ambiente inclusivo, onde todas as vozes sejam ouvidas e valorizadas. A comunicação aberta e transparente é essencial para entender as expectativas e necessidades de cada geração, permitindo o desenvolvimento de soluções e estratégias que beneficiem a todos.

---

56. https://www.shrm.org/resourcesandtools/hr-topics/employee-relations/pages/how-to-manage-intergenerational-conflict-in-the-workplace.aspx
57. https://www.opet.com.br/blog/interna/diversidade-e-chave-tambem-na-equipe-de-trabalho

Além disso, a capacitação e o desenvolvimento profissional contínuo são importantes para superar as barreiras geracionais. Oferecer oportunidades de aprendizado e treinamento que abordem tanto as habilidades técnicas quanto as interpessoais pode ajudar a diminuir as diferenças e promover um ambiente de trabalho colaborativo.

Na época em que a MSP estava ingressando no mundo digital, construindo o site da Turma da Mônica, Mauricio conta que não queria dar palpites nesse trabalho, pois buscava ver o que os artistas mais novos estavam criando de maravilhoso. A tecnologia avançava de maneira surpreendente, e os jovens estavam explorando novas possibilidades com uma facilidade e criatividade impressionantes. Eles estavam produzindo desenhos animados incríveis, usando computação gráfica para dar vida ao Penadinho e criando o Astronauta em 3D.

Mauricio conta que ficou fascinado com a forma deles de lidar com os desafios que ele costumava enfrentar com tanto esforço. Era como se estivessem realizando em um piscar de olhos o que antes demandava um trabalho árduo. Foi quando Mauricio se deu conta da tamanha importância de aprender com esses jovens talentos: e a empresa como um todo deveria seguir o mesmo caminho.

UM SONHO EM CONJUNTO

No universo criativo da MSP, há algo que transcende as paredes e se entrelaça à essência de cada colaborador. É o legado de um homem notável, que ainda cumprimenta com carinho as crianças que visitam o estúdio. Seu jeito de conversar com naturalidade e delicadeza revela um espírito autêntico, o coração pulsante daquela atmosfera de trabalho.

É o que eles chamam de "filosofia mauriciana", o modo único de Mauricio de encarar a vida e as situações que surgem. É uma abordagem que permeia cada aspecto da empresa, uma forma de ser que se tornou um pré-requisito para fazer parte do time. Compreender a filosofia de Mauricio é essencial para encontrar seu lugar e florescer dentro da organização.

Para aqueles que tiveram o privilégio de vivenciar experiências ao lado dele, compreender sua filosofia se torna uma busca constante. É preciso absorver ao máximo cada conversa, cada momento de convivência e até mesmo cada palavra escrita. Essa é uma lição que sempre ressoa na mente de cada colaborador.

Tudo na empresa deriva da mente criativa de Mauricio. Cada personagem, cada história ganha vida a partir de sua imaginação única. Há personagens, como Horácio, que são desenhados exclusivamente por ele. Assim, a criação está profundamente ligada à sua pessoa. Mas ele vai além, atraindo gente de diferentes trajetórias e experiências para o seu universo singular.

Mauricio tem uma habilidade ímpar de cativar. Isso se torna evidente quando profissionais vindos da Disney e de outras corporações se juntam a ele e se sentem realizados em dar continuidade ao seu sonho. Por outro lado, Mauricio reconhece que seu sucesso não teria sido possível sem a dedicação e o comprometimento de sua equipe. Ele repete várias vezes: "Se eu não tivesse equipe, não tinha nada disso aqui".

Em um momento de introspecção durante a entrevista, Mauricio revela uma de suas ambições futuras: encontrar alguém que saiba falar mandarim para que ele possa aprender algumas palavras. Ele almeja expandir seu alcance para a China. Mas reconhecer a necessidade da equipe pode ser desafiador para um empreendedor que lidera o processo de sonhar. O idealizador da empresa, por vezes, pode se sentir isolado nessa posição de vislumbrar o futuro. Nesse contexto, a questão se torna: é possível sonhar sozinho ou é imprescindível que a equipe compartilhe desse sonho?

Sem hesitar, Mauricio responde que é vital ter outras pessoas ao seu lado, acreditando nos mesmos sonhos e usufruindo deles. "Um sonho sofisticado exige equipe", afirma. Antes do lançamento da *Turma da Mônica Jovem*, Mauricio levou tempo para fazer a equipe embarcar nesse sonho. Afinal, compreendia que, apenas quando todos estivessem alinhados e comprometidos, o projeto estaria preparado para ganhar vida.

O espaço que a MSP construiu para abrigar a criatividade e inovação ficou ainda mais evidente quando Mauricio e sua equipe decidiram mergulhar no universo do mangá, mirando um novo público: os jovens. Alice Keiko Takeda, esposa do Mauricio de Sousa e conselheira da MSP, havia apresentado sua primeira versão da Turma da Mônica Jovem (TMJ) para os editores da Globo que cuidavam das revistas. Logo depois, esses mesmos editores foram contratados pela Panini quando todos os produtos editoriais da MSP começaram a circular sob o selo da empresa. Interessados pela proposta de atingir um novo público (ou melhor, passar a fazer parte de uma nova fase da vida dos leitores), juntos deram início a uma nova etapa na trajetória da MSP. Isso foi uma conquista triunfal tanto pessoal quanto profissional de Alice.

A MSP, que já dominava o mercado infantil (com a revista da Turminha), foi visionária ao lançar um produto que abarcasse um novo público. Mas o desafio era claro: o traço precisava seguir a estética dos mangás e ter um estilo completamente diferente da Turma da Mônica tradicional.

Em agosto de 2008, a primeira edição da Turma da Mônica Jovem chegou às bancas com uma tiragem de 500 mil exemplares, todos vendidos rapidamente. Mesmo diante de uma economia morna, as vendas se mantiveram em torno de 400 mil exemplares mensais, diminuindo para algo entre 100 mil e 150 mil em tempos de crise. Ainda assim, a TMJ superava qualquer outro gibi direcionado ao público infantojuvenil. Algumas edições especiais, como a que retratava o primeiro beijo entre Mônica e Cebola (em TMJ, o personagem não gosta mais de ser tratado no diminutivo), conquistaram a marca impressionante de 700 mil exemplares vendidos.

A Turma da Mônica Jovem é um dos poucos casos em que os produtos da própria empresa não "se mataram". Ou seja, a MSP conseguiu conciliar com êxito a Turminha com a TMJ, ambas coexistindo harmoniosamente com seus respectivos leitores. Afinal, as crianças, que antes abandonavam as revistas ao se tornarem adolescentes, agora tinham um motivo para continuar lendo.

É preciso unir estratégia e inspiração. Além disso, é necessário que a equipe tenha vontade e esteja preparada para criar um projeto novo. As informações formais são importantes, mas não suficientes. Para Mauricio, é necessário se envolver de corpo e alma nas experiências, absorvendo cada detalhe em sua mente, cérebro e espírito. Para inspirar uma equipe tão grande, ele está sempre lembrando que eles precisam buscar inspiração na vivência. "Ninguém paradão vai criar alguma coisa" – palavras dele. É preciso viver, conversar e acompanhar o que acontece no mundo.

Mauricio é cercado por pessoas que compartilham de seu sonho, mas reconhece que, com uma equipe grande, pode levar tempo para que todos se sintam verdadeiramente envolvidos. Assim como as peças de uma engrenagem, tudo deve se encaixar harmoniosamente para que o trabalho em equipe seja efetivo e bem-sucedido. E, mesmo que leve muito tempo, Mauricio, com sua visão otimista, declara: "O destino faz com que as coisas se encaixem".

CAPÍTULO 9

O Valor do Dinheiro

E A VERDADEIRA RIQUEZA

Mauricio lembra com clareza o dia em que abriu o seu "primeiro negócio", aos 8 anos. Inspirado em sua avó, que toda tarde costumava contar histórias para ele e seus amigos da escola, Mauricio decidiu que queria fazer o mesmo, só que de um jeito um pouco diferente: pegou pedaços de papel, colou um no outro, enrolou e começou a desenhar as ilustrações sobre eles. Em seguida, criou um projetor improvisado, utilizando um simples caixote e um espelho, com os quais ele conseguiu refletir as imagens de suas histórias na parede, criando uma experiência semelhante à de um cinema. Assim, ele chamava os amigos e cobrava uma entrada de sete palitos de fósforo, que era o que sua avó precisava para acender o fogão e preparar a comida.

Desde criança, a consciência sobre o dinheiro sempre esteve presente em seu cotidiano. Mauricio descobriu logo cedo a essência da troca, compreendendo que, para receber aquilo que deseja, é preciso dar algo. Conforme foi crescendo, ele começou a entender que o dinheiro não era apenas um pedaço de papel ou uma simples moeda: era algo mais profundo, que podia realizar sonhos, concretizar desejos e proporcionar conforto.

Mauricio viveu em uma época na qual existiam tostões, moedas de menor valor, como as de 1, 2 ou 4 réis, e moedas grandes, de 400 réis. Depois, veio a era dos cruzeiros. Foi nessa época que sua avó abriu uma caderneta de poupança, dizendo a ele que depositaria todo mês certa quantia para que, quando crescesse, tivesse dinheiro para comprar um carro. Mauricio acreditou tanto, que, aos 6 anos, já se imaginava dirigindo um automóvel.

Infelizmente, as dificuldades financeiras na casa interromperam esse projeto. Foi por volta dos 9 ou 10 anos que Mauricio, ouvindo as conversas dos adultos, começou a compreender as limitações financeiras de sua família e a importância de poupar. A partir desse momento, seus pais o orientaram a economizar para conseguir manter os itens básicos, como moradia e alimentação. Assim, Mauricio cresceu compreendendo e aceitando que nem sempre poderia ter ou ganhar o que sonhava.

Embora não tivesse formação em Economia, nem nascido em berço de ouro, os cuidados normais que recebeu de sua família, especialmente de sua mãe, o ajudaram a enfrentar dificuldades e a planejar soluções que, com o tempo, trouxeram consequências positivas. A melhor de todas essas lições foi sempre investir na ética e na educação, coisa que ele aprendeu com os pais, que costumavam dizer que o conhecimento é algo que ninguém pode nos tirar, que dura para sempre e é o que nos garante uma condição estável para o futuro.

Aos 14 anos, quando começou a se dedicar ao desenho, Mauricio se deu conta de que precisava cobrar pelos seus trabalhos, mas não tinha coragem nem fazia a menor ideia de como precificá-los. Foi então que seu pai lhe apresentou um amigo que poderia ajudá-lo. O homem costumava ir a fábricas e empresas que forneciam peças e móveis para organizar exposições. "Agora é com você: eu vendo a exposição e você vende o cartaz que está fazendo", disse a Mauricio. Perdido, ele perguntou como poderia cobrar, e o homem o orientou a precificá-lo a 50 cruzeiros. Ele achou que 50 cruzeiros era um valor muito alto e que ninguém compraria. Mas o homem insistiu, garantindo que sim. Mauricio duvidou, mas, na primeira vez que fez isso, deu certo. Foi a partir daí que ele começou a perceber que poderia transformar sua arte em um negócio rentável.

Precificar algo que possui um significado profundo e transcende o valor monetário é uma tarefa extremamente desafiadora. Quando se trata de precificar um propósito, uma paixão, estamos lidando com algo intangível, que está enraizado nas emoções e nos valores pessoais de um indivíduo. No geral, vender e cobrar podem ser, muitas vezes, tarefas árduas, ainda mais quando o dinheiro é tratado com tabu em nossa sociedade.

Uma pesquisa realizada pelo Instituto Mindminers revelou que 54% dos brasileiros têm receio de conversar sobre dinheiro; em contrapartida, 58% gostariam de falar mais sobre o tema.[58] Fato é que os brasileiros culturalmente costumam relacionar finanças pessoais a sentimentos ruins. Um amplo estudo realizado pelo Itaú Unibanco, em parceria com o *Datafolha* e a consultoria Box1824, publicado pelo *Valor Investe*, ouviu 2.071 brasileiros sobre a sua relação emocional com o dinheiro:[59] 86% acreditam que o dinheiro pode acabar com amizades, famílias e casamentos; 90% afirmam que ganhar mais dinheiro do que a média atrai "inveja"; 49% evita pensar em dinheiro para não ficar triste.

Essa pesquisa mostra que a relação das pessoas com o dinheiro trata muito mais da perspectiva de cada uma do que da função que o dinheiro de fato desempenha na sociedade. É compreensível que, em uma realidade em que a escassez e a desigualdade são evidentes, a busca pelo dinheiro

---

58. https://shots.hellosaks.com/falar-sobre-dinheiro/#:~:text=Segundo%20pesquisa%20do%20Instituto%20Mindminers,inseguran%C3%A7a%20na%20maioria%20das%20vezes.
59. https://valorinveste.globo.com/educacao-financeira/noticia/2020/11/10/brasileiros-ligam-financas-pessoais-a-sentimentos-ruins-e-perpetuam-tabu-sobre-dinheiro.ghtml

se torne uma prioridade para muitos. Mas também é compreensível que as pessoas não queiram ganhar dinheiro porque podem ser vistas como gananciosas e interesseiras.

Porém é importante refletir sobre a forma como encaramos o valor do dinheiro em nossas vidas. Muitas vezes, nos deixamos levar por uma busca cega e desenfreada pela riqueza material, acreditando que ter mais dinheiro nos trará felicidade e realização. Ao mesmo tempo, somos persuadidos por uma ideia superficial de que, se você ganha muito dinheiro, automaticamente você é infeliz, frustrado e arrogante.

Esses pensamentos nos levam a uma armadilha, na qual tratamos o dinheiro com dualidade, colocando-o sempre na função de atribuir felicidade ou tristeza; humildade ou arrogância. Esquecemos que ele não tem o poder de definir nosso estado emocional ou caráter. Devemos desassociar o dinheiro de sentimentos negativos e compreender que ele é uma ferramenta neutra, que pode ser utilizada de diversas maneiras. Embora o propósito seja algo que vai além do aspecto financeiro, Mauricio acabou encontrando um equilíbrio entre espalhar o seu legado e garantir uma base de segurança material.

O DINHEIRO COMO UM MEIO

O que significa ter dinheiro? É a posse de recursos financeiros, como notas, moedas, cheques, depósitos bancários, investimentos, entre outros meios de pagamento. Além disso, ter dinheiro também implica ter acesso a recursos financeiros que possam ser usados para atender a necessidades e desejos individuais. Isso inclui poder adquirir itens básicos, como alimentação, moradia e vestuário, assim como suprir necessidades mais complexas, como educação, saúde, lazer e segurança.

Ter dinheiro proporciona uma sensação de segurança financeira, permitindo a reserva de fundos para emergências, a realização de investimentos para o crescimento pessoal ou empresarial e a conquista de objetivos de longo prazo, como comprar uma casa, viajar ou se aposentar confortavelmente. Podemos também utilizar o dinheiro para ajudar os outros e promover o bem-estar coletivo.

É importante ressaltar que o significado de ter dinheiro pode variar de pessoa para pessoa, dependendo de suas prioridades, valores e circunstâncias individuais. Para algumas, ter dinheiro pode significar a liberdade de escolha e a capacidade de desfrutar de experiências significativas, enquanto para outras representa segurança, status ou influência.

Fato é que entender que o dinheiro não é um fim em si mesmo, mas um meio para alcançar nossos objetivos, pode nos libertar das amarras emocionais que nos envolvem. Quando perguntei para Mauricio se números na conta bancária nunca foram seu objetivo, ele respondeu: "Não se trata de acumular dinheiro ou de ter muito dinheiro, mas de usar de forma adequada e socialmente consciente o que você possui". Quando se trata de empreendedorismo, um verdadeiro empreendedor não deve ser motivado apenas pelo lucro que isso irá gerar, mas pelo desejo de executar suas ideias e criar algo significativo.

A motivação não deve estar no acúmulo de riquezas, mas na busca por soluções inovadoras, na vontade de fazer a diferença e deixar um legado. Mauricio está constantemente em busca de desafios e oportunidades, sempre vislumbrando novas formas de melhorar a vida das pessoas e impactar positivamente a sociedade, e o dinheiro é apenas uma consequência desse processo.

É verdade que o dinheiro é uma parte fundamental de qualquer negócio. Afinal, precisamos de recursos financeiros para investir, expandir e alcançar nossos objetivos. No entanto, quando o dinheiro se torna o único foco, corremos o risco de perder de vista o propósito e de sacrificar a qualidade, a ética e a visão de longo prazo. Podemos nos tornar obcecados por maximizar os lucros a curto prazo, sem considerar as consequências negativas para os clientes, os colaboradores ou o meio ambiente. O verdadeiro objetivo de um empreendedor deve ser a criação de valor. É por meio dela que construímos uma base sólida para o sucesso a longo prazo.

O VALOR DO DINHEIRO EM MOMENTOS DE CRISE

Mauricio já presenciou muitas mudanças econômicas ao longo de sua vida: o desenvolvimentismo, o milagre econômico, o Plano Cruzado, a hiperinflação, o Governo Collor, o Plano Real, a abertura econômica, e por aí vai. Na época da hiperinflação, em que os preços oscilavam a cada segundo, Mauricio não fazia parte das esferas mais elevadas da sociedade nem tinha uma situação financeira tranquila. Consequentemente, se deparava com a inflação em todas as pequenas despesas do dia a dia. Ele estava vivendo período de baixos resultados na MSP e lutando bastante para garantir pelo menos o mínimo necessário para sua família. Se não tomasse cuidado, eles não teriam dinheiro para comer.

Então, quando veio um dos momentos mais críticos da vida dos brasileiros, no qual Fernando Collor decidiu confiscar a poupança da população, Mauricio não tinha muito a perder. Enquanto muitas pessoas estavam perdendo dinheiro, ele continuava na mesma situação. Ainda assim, precisou pedir um empréstimo aos amigos próximos para conseguir manter a empresa. Foi um momento de se equilibrar na corda bamba e sobreviver: ele teve que fazer acordos com os funcionários, pois atrasaria seus pagamentos. A situação era tão extrema que, durante um tempo, a MSP serviu lanche da tarde com café, pão e manteiga para seus funcionários terem o que comer, porque alguns chegaram a passar fome por conta do atraso dos salários.

Mauricio poderia ter desistido no meio do caminho, pois enfrentou muitas dificuldades financeiras. Houve momentos em que ele esteve a ponto de falir. A MSP passou por três grandes crises, sendo uma delas essa transição monetária, com mudanças nos processos e no valor do dinheiro.

Provavelmente a maior crise que Mauricio enfrentou foram os desafios financeiros que quase o levaram à falência. Em fevereiro de 1998, recebeu uma tentadora proposta da Rede Globo para exibir desenhos animados na programação e expandir seus personagens para o exterior, além de um canal de TV a cabo dedicado só para a Turminha. A parceria também envolvia o Parque Temático da Mônica, que Mauricio planejava instalar no Rio de Janeiro.

Empolgado com tamanha oportunidade, Mauricio tomou decisões importantes, como a compra do Parque da Mônica. No entanto, tanto as equipes da Globo quanto da MSP enfrentaram desafios de inexperiência na administração de parques temáticos. Para começar, o contrato de compra do parque se mostrou extremamente complexo, com cláusulas em dólar, taxas e restrições de pagamento e penalidades.

Conforme as parcerias avançavam, surgiam problemas, como investimentos em tecnologia e contratação de funcionários para produzir conteúdo para a Globo. Ocorreram também atrasos nas estreias das animações e dos programas da Turma da Mônica na Globo. Além disso, a equipe de roteiristas da emissora teve dificuldades em adaptar e criar roteiros dos quadrinhos para programas de TV, o que causou um imenso descontentamento a Mauricio. Ele decidiu romper o contrato com a Globo e demitir as pessoas contratadas para o estúdio.

Fatores externos, como atrasos nas parcerias, a alta do dólar e questões relacionadas a petróleo, também contribuíram para uma mudança na expectativa do empresário. Com a saída da Globo, a MSP assumiu riscos significativos e contraiu uma dívida considerável pela compra do Parque da Mônica, que estava atrelada ao dólar e trazia diversas penalidades por atrasos.

E, se não bastasse, a MSP ainda foi processada pela Globo por perdas e danos, além de lucros cessantes, levando a uma briga judicial. Após negociações, chegaram a um acordo que anulou o contrato inicial, sem a necessidade de indenizações para nenhuma das partes.

Mauricio conseguiu renegociar suas dívidas e, atualmente, continua pagando a mensalidade do Parque da Mônica. A MSP também assinou novos contratos e encontrou maneiras de dar a volta por cima, mantendo-se firme em sua caminhada, sustentada pelo sucesso de suas HQs.

A tranquilidade, a calma e a confiança em si mesmo foram cruciais para ajudá-lo a tomar as melhores decisões. Além disso, ele acredita que, apesar de ser uma ciência complexa, é fundamental ter um entendimento básico sobre economia para tomar decisões financeiras acertadas e evitar fracassos.

Quem passou pelos momentos econômicos turbulentos da história do Brasil, assim como Mauricio, aprendeu a valorizar cada centavo e a ser resiliente diante dos momentos de instabilidade e incerteza. Durante esses períodos difíceis, entender a economia e tomar decisões financeiras responsáveis se tornou crucial. A população foi desafiada a equilibrar gastos, renegociar dívidas e buscar alternativas para garantir o sustento da própria família.

As crises financeiras, apesar de serem momentos de muita dificuldade e tensão, são eventos esperados, pois a economia está em constante mudança, e é preciso estar sempre atualizado para se adaptar às novas tendências e oportunidades. Buscar informações e conhecimento é uma estratégia inteligente para lidar com as crises, mantendo-se atualizado sobre as tendências econômicas, políticas e sociais por meio de leituras. E pode ser que haja oportunidades ocultas. Novas necessidades e demandas surgem nesses períodos. Devemos nos perguntar "E se?" e explorar diferentes cenários para encontrar soluções inovadoras. Às vezes, é nas situações desconfortáveis e desconhecidas que encontramos as respostas mais surpreendentes.

O valor do dinheiro vai muito além de seu poder de compra. Ele representa estabilidade, segurança e capacidade de realizar sonhos. Deve-se lucrar não para acumular riqueza, mas para estar preparado para eventuais crises que não estão sob o nosso controle. Aprender com os momentos difíceis nos fortalece e nos prepara para enfrentar os desafios econômicos que possam surgir. Por isso, Mauricio acredita veementemente que o dinheiro é o resultado positivo (e não o objetivo) da combinação entre criatividade, responsabilidade e trabalho árduo.

LUCRAR PARA REINVESTIR

Mauricio acredita que dinheiro não é tudo na vida, mas certamente ajuda a conquistar muitas coisas importantes. Para ele, o dinheiro é uma invenção inteligente, uma representação do poder de agir, adquirir e comprar. Sentir o desejo de possuir bens materiais, como uma pedra preciosa, uma joia ou qualquer objeto valioso que desperte o interesse, é algo inerente à natureza humana.

Porém, não é incomum as pessoas se colocarem em uma posição de completa submissão ao dinheiro. O problema começa quando não sabemos utilizá-lo da maneira correta. Isso não é saudável nem mesmo normal, especialmente quando se acumula riqueza em vez de usá-la para algo útil. Além do mais, a vida é imprevisível, e ter muito dinheiro hoje não garante que isso permanecerá no futuro. É importante estar com os pés no chão e ter uma gestão financeira responsável que saiba, sobretudo, da importância de criar reservas para enfrentar tempos difíceis.

Apesar de todos os empreendimentos e sucessos, a MSP raramente teve dinheiro sobrando. Mesmo agora, Mauricio continua investindo todos os seus ganhos na empresa, em mão de obra, novos desenhos, filmes e muito mais. Uma das premissas da filosofia mauriciana é não reter o dinheiro, mas reinvestir constantemente para garantir um crescimento contínuo.

Quando um empreendedor decide reter todo o lucro gerado pela empresa em vez de reinvesti-lo, pode estar limitando seu potencial de crescimento e colocando o negócio em risco. Reinvestir os lucros significa destinar uma parte do dinheiro de volta à empresa, por meio de compra de equipamentos mais modernos, contratação de funcionários qualificados, pesquisa e desenvolvimento de novos produtos ou serviços, expansão do mercado ou estratégias de marketing mais eficazes.

Uma das principais razões para reinvestir é acompanhar as mudanças e demandas do mercado. A economia e as preferências dos consumidores estão em constante evolução, e empresas que não se adaptam a essas mudanças correm o risco de ficar para trás. Outro aspecto importante é a capacidade de diversificar os negócios. Ao reinvestir em pesquisas e desenvolvimento, por exemplo, uma empresa pode explorar novas linhas de produtos ou expandir para mercados diferentes.

Essa diversificação é capaz de reduzir os riscos associados à dependência de um único produto ou mercado. Vale ressaltar que o reinvestimento também envolve a capacidade de aproveitar oportunidades estratégicas. Quando a empresa está financeiramente saudável, ela consegue adquirir outras empresas concorrentes, expandir para novas regiões ou investir em parcerias estratégicas que impulsionam seu crescimento.

Lembre-se: o dinheiro só tem valor quando se atribui a ele uma função útil; no caso do empreendedorismo, o dinheiro deve exercer o papel de manter a empresa nos trilhos e aproveitar oportunidades para expandir cada vez mais seu propósito.

ENSINAR O VALOR DO DINHEIRO

Nem todo mundo teve o privilégio de ter avós e pais que ensinaram educação financeira como Mauricio teve desde cedo. Segundo uma pesquisa do Instituto Brasileiro de Opinião Pública e Estatística (Ibope), apenas 21% dos brasileiros tiveram esse tipo de educação na infância.[60] Nas pesquisas realizadas pelo Itaú Unibanco, 97% disseram ter dificuldade em lidar com o próprio dinheiro e 46% preferem não encarar suas finanças por acreditarem estar fazendo algo errado. Nesse cenário, os jovens tendem a ter baixa autoestima em termos financeiros. Muitos se sentem desamparados e incapazes de tomar as melhores decisões para o futuro do seu dinheiro.

Para mudar essa mentalidade, Mauricio embarcou em um novo desafio. Ele sempre buscou transmitir mensagens positivas e ensinamentos valiosos aos seus leitores, e a questão do dinheiro não poderia passar despercebida. Em 2020, ele e Thiago Nigro, fundador do canal do YouTube *Primo Rico*, lançaram o livro *Como cuidar do seu dinheiro*, que traz uma abordagem educativa e divertida sobre o tema, com a missão desafiadora de ensinar crianças a lidarem com dinheiro.

Thiago utiliza uma linguagem simples e didática para ensinar à turminha a importância do dinheiro não apenas para comprar brinquedos, roupas e comida, mas também para realizar grandes sonhos. No livro, ainda há uma reflexão sobre temas, como o comportamento consumista, a inflação e os juros.

---

60. https://exame.com/invest/minhas-financas/apenas-21-dos-brasileiros-tiveram-educacao-financeira-na-infancia/

Ensinar às crianças sobre o dinheiro é uma tarefa fundamental, pois elas precisam aprender desde cedo como gerenciá-lo de forma responsável e consciente. O objetivo não é transformá-las em pessoas materialistas, mas capacitá-las a tomar decisões financeiras inteligentes e equilibradas. Afinal, não é o valor monetário que determina a felicidade, mas a forma como utilizamos nossos recursos.

Como um pai cuidadoso, Mauricio tinha o instinto de mimar seus filhos, de satisfazer seus desejos e atender a suas necessidades. Porém, ao longo dos anos, ele aprendeu que ser pai não é dizer "sim" o tempo todo. É necessário equilibrar o amor e os cuidados com a necessidade de ensinar lições valiosas sobre a vida. Conversas longas e significativas sempre foram parte integrante da sua dinâmica familiar, pois ele acredita que é importante que seus filhos compreendam a realidade da vida e suas limitações desde cedo. Mauricio dizia para eles que nem tudo o que desejamos está ao nosso alcance imediato e que é necessário trabalhar muito para alcançar nossos objetivos.

Por mais que ele tenha tido uma infância com privações, nunca teve a intenção de compensar seus filhos por isso, pois acredita que cada geração tem suas próprias experiências e seus desafios a enfrentar. Em vez disso, focou em transmitir a importância de valorizar o que eles têm e aproveitar cada conquista, independentemente de seu tamanho. Uma mesada equilibrada fazia parte da rotina dos filhos, mas ela sempre vinha acompanhada de orientação e conselhos paternos.

O QUE REALMENTE IMPORTA

Quando pergunto a Mauricio qual é o valor do dinheiro, ele responde rindo: "Meu gerente financeiro acredita que é a coisa mais importante do mundo". Mauricio conta que, de vez em quando, em reuniões, até concorda com ele em algumas questões, mas acredita que o dinheiro não seja o mais importante, e sim a realização geral, que vai além de números.

O valor do dinheiro não está apenas na quantidade acumulada, mas também na forma como o utilizamos. Aquele que coloca uma ênfase excessiva no dinheiro e na busca de riqueza material pode estar sempre em busca de mais, nunca se sentindo satisfeito com o que tem. Ele pode cair na armadilha de pensar que a felicidade está diretamente ligada à quantidade de dinheiro que se possui, negligenciando outros aspectos importantes de sua vida.

A verdade é que a riqueza em sua essência está em encontrar um propósito maior, em viver de acordo com nossos valores e em deixar um legado significativo para as gerações futuras. É preciso reconhecer que o dinheiro, por si só, não pode proporcionar felicidade duradoura. Ela vem ao encontrarmos significado e propósito. Isso envolve cultivar relacionamentos saudáveis e significativos, buscar o autodesenvolvimento pessoal e contribuir de alguma forma para a sociedade. O dinheiro pode ser um facilitador, mas não é o fator principal.

Mauricio afirma que não quer ser infeliz, especialmente com muito dinheiro. Ele busca explorar incansavelmente seus "porquês", que são as raízes profundas que o levaram ao sucesso financeiro, superando as ambições superficiais e trazendo à tona um propósito mais profundo e significativo. Mauricio nos ensina que não devemos ser escravos do dinheiro; é o dinheiro que deve estar a nosso serviço. No entanto, ele faz uma ressalva: o dinheiro só não pode comprar sonhos. Os sonhos se realizam com planejamento e trabalho duro, e o dinheiro só serve para dar forma ao sonho realizado.

Eu pergunto para Mauricio se ele tem algum luxo particular. Ele responde rindo: "Um iate ou algo assim? Não, eu fico enjoado em iate. Está fora de questão". Ele revela que seu verdadeiro tesouro está empilhado em uma estante de sua casa: os livros. Seu luxo é se envolver com as histórias, folhear as páginas e, apesar de não ter muito tempo para ler nem espaço para colocar mais livros, sente satisfação ao ver sua biblioteca farta.

CAPÍTULO 10

O Valor da Sorte

E A LENDA DA CRIANÇA EMPELICADA

Existe uma lenda milenar transmitida há séculos sobre o fenômeno raro de bebês que nascem envoltos na bolsa amniótica. Em algumas culturas, isso é visto como um presságio de boa sorte, prosperidade ou proteção contra o mal. Desde os tempos dos antigos reis, quando um bebê nascia empelicado, a pele era cuidadosamente guardada. Diziam que cortar a pelica em pedacinhos e usá-la como um colar trazia boa sorte nas batalhas e durante o reinado.

Foi assim com Mauricio. Ele foi uma dessas crianças abençoadas com a pelica. Ao tirá-lo da barriga de sua mãe, a parteira, vendo-o ainda dentro da bolsa amniótica, afirmou que ele teria sorte por toda a vida e estaria protegido contra afogamentos.

De tempos em tempos, Mauricio pondera sobre a pelica e como ela realmente lhe ajudou em alguns momentos da vida, mas também considera que as rezas de sua avó Dita (sim, como a do Chico Bento, que ela inspirou) foram tão ou mais importantes quanto. Visto que seu neto era muito esquecido, ela orava e recitava o rosário todos os dias, pedindo que ele não perdesse nada, não importando onde estivesse e para onde fosse.

Desde então, Mauricio conta que realmente não consegue perder mais nada. Só perdeu as contas das vezes em que esqueceu diversos objetos valiosos em lugares públicos, mas que, mais cedo ou mais tarde, sempre retornavam para ele de alguma forma. Várias vezes, em viagens internacionais, motoristas de táxis bateram à sua porta para lhe devolver a câmera que ele havia esquecido no banco de trás. Em certa ocasião, Mauricio fez uma viagem ao Japão e perdeu o celular três vezes em locais públicos. Mas todas as vezes o celular voltou para suas mãos. Malas esquecidas em aeroportos de Nova Iorque, uma carteira com dólares no aeroporto de Madri, uma filmadora deixada na entrada do hotel na Suíça, um computador na Alemanha e por aí vai. Ele perdia, mas sempre encontrava.

Quando sua avó faleceu, logo lhe ocorreu um pensamento: "Meu Deus, agora vou perder tudo na vida!". No entanto, ele continuou encontrando as coisas perdidas e tendo a possibilidade de recuperá-las. Sua avó talvez tenha rezado tanto, que acumulou bênçãos que perduram até hoje. Mauricio acredita que ainda há resquícios dessa proteção especial.

Desde sempre Mauricio é alvo de comentários e especulações sobre sua capacidade de ter tudo o que deseja e aparentemente nunca ter perdido nada em sua empreitada no mundo dos negócios. Embora muitos o vejam como alguém que sempre acerta e tem sorte em tudo o que faz, a realidade é muito mais complexa do que isso.

Mauricio enfrentou uma série de rejeições e teve que lidar com dificuldades financeiras significativas nos primeiros anos de sua carreira. Com orçamentos limitados, ele enfrentou desafios para produzir suas histórias em quadrinhos e sustentar sua família. À medida que seu império crescia, Mauricio buscou expandir para outros mercados, como o cinema e a televisão. No entanto, nem todas as suas tentativas de expansão foram bem-sucedidas. Alguns projetos, aos quais deu tudo de si para fazer acontecer, não foram possíveis ou não alcançaram o resultado desejado.

Diante de tudo isso, é evidente que nem tudo deu certo para Mauricio. Mas, em vez de se lamentar ou se entregar à desilusão, ele decidiu buscar o lado positivo em cada situação e se apoiar em sua força de vontade e dedicação incansável. Foi assim que ele começou a enxergar as oportunidades ocultas que estavam ao seu redor. Acreditar na sorte, na pelica ou nas rezas de sua avó certamente não foi o que determinou seu sucesso profissional.

QUEM VÊ SORTE NÃO VÊ CORAÇÃO

É fácil cair na armadilha de atribuir o sucesso de um empreendedor apenas à sorte. Afinal, é reconfortante acreditar que algumas pessoas simplesmente nasceram com uma estrela brilhante sobre suas cabeças, enquanto o resto de nós luta para superar os obstáculos. De acordo com 127 empreendedores entrevistados no podcast *How I Built This*, 83% reconheceram que a sorte desempenhou um papel significativo em sua trajetória, 64% afirmaram que tanto a sorte quanto o trabalho duro foram fatores determinantes para o seu sucesso, 19% admitiram que a sorte foi o único elemento em jogo e apenas 17% afirmaram não considerar a sorte como parte de seu sucesso.[61]

Esses números revelam uma verdade inegável: a sorte é um componente importante no caminho para o sucesso, mas não é o único. A realidade muitas vezes é obscurecida. Quando admiramos empresários bem-sucedidos, enxergamos apenas a ponta do iceberg. Muitas vezes, por trás do glamour e da prosperidade aparente, há histórias de luta. Não testemunhamos as noites de sono perdidas, as renúncias pessoais e o árduo trabalho investido. Não vemos as dúvidas e os momentos em que essas pessoas consideraram desistir, mas encontraram forças para continuar. Essa visão simplista ignora toda a complexidade e a determinação que permeiam a jornada de alguém.

A vida não é uma competição justa e equitativa. Cada pessoa tem seus próprios desafios, circunstâncias e oportunidades. Comparar-se com os outros e atribuir seu próprio fracasso exclusivamente à sorte alheia não é produtivo nem saudável. Ao justificar a frustração atribuindo o sucesso do

---

61. https://www.linkedin.com/pulse/secret-success-were-all-ignoring-marco-pimentel/

outro à sorte, negligenciamos a importância do trabalho duro, do desenvolvimento de habilidades e do aprendizado contínuo. Em vez de focar a busca de melhorias pessoais e o aprimoramento de nossas próprias habilidades, caímos na armadilha de desconsiderar o esforço necessário para obter resultados positivos.

A mentalidade de "sorte *versus* azar" pode nos tornar passivos em relação às nossas próprias vidas. Ao acreditar que o sucesso é puramente uma questão de sorte, podemos nos resignar e nos contentar com a mediocridade. Isso nos impede de tomar ações corajosas, arriscar e buscar oportunidades. Em última análise, atribuir o sucesso exclusivamente à sorte é uma forma de escapar da responsabilidade pessoal. Afinal, se tudo é uma questão de sorte, por que se esforçar?

É verdade que eventos inesperados podem ocorrer, trazendo resultados favoráveis ou desfavoráveis. Às vezes, esses eventos são percebidos como sorte ou azar, dependendo do impacto que têm em nossas vidas. Mas o verdadeiro fator determinante não é a sorte em si, mas como reagimos e lidamos com esses acontecimentos.

NO LUGAR CERTO, NA HORA CERTA

A sorte tem sido objeto de fascínio e especulação. Muitos acreditam que o sucesso de um empreendedor está diretamente ligado à sorte, àquele momento mágico em que todas as peças do quebra-cabeça se encaixam perfeitamente. Há também quem defenda que o sucesso não é apenas uma questão de sorte, mas resultado de preparo, dedicação e trabalho árduo.

A palavra hebraica *mazal* pode fornecer algumas pistas sobre essa questão. Ela tem suas raízes no idioma acádio, na qual *mazaltu* era utilizada para se referir a "constelação" ou "astro". Com o passar dos séculos, esse termo encontrou seu caminho na língua hebraica e passou a estar associado ao conceito de "sorte" ou "destino". Em hebraico, *mazal* é utilizado para descrever a influência celestial ou divina que molda o curso da vida de uma pessoa, suas circunstâncias e eventos futuros.

Uma interpretação intrigante sugere que *mazal* seja um acrônimo, englobando três elementos essenciais que determinam a boa sorte: "M" vem de *makom*, que significa "lugar" ou "espaço"; o "Z" de *zman* se traduz como "tempo"; "L", de *limud*, é a palavra usada para se referir a "estudo" ou "aprendizado". Isso significa que, para alcançar o tão desejado *mazal*, é preciso estar no lugar certo, na hora certa e com a sabedoria adequada para agir. Esses três elementos entrelaçados são os pilares da sorte e podem influenciar diretamente o curso de nossas vidas.[62]

Estar no *lugar certo* é um componente crucial para desfrutar da boa sorte, porque o contexto e ambiente em que nos encontramos podem desempenhar um papel significativo no nosso destino. Estar no *momento certo* significa que as oportunidades podem surgir em momentos específicos, e reconhecê-las e aproveitá-las é um aspecto crucial para alcançar o sucesso. Porém, para desfrutar de tudo isso, é essencial ter a *sabedoria*. Por meio do estudo e da busca constante por conhecimento, desenvolvemos as habilidades

---

62. https://www.nytimes.com/2015/04/26/magazine/the-secret-slang-of-the-diamond-district.html

necessárias para enfrentar os desafios e saber identificar e aproveitar as oportunidades da maneira correta.

É importante reconhecer que o sucesso de alguém pode ser influenciado por uma combinação de fatores, e a sorte pode ser um deles. Mas ela, por si só, não é suficiente. Os empreendedores bem-sucedidos entendem que a sorte pode abrir portas, mas são habilidades, conhecimentos e capacidades que lhes permitem passar por essas portas e construir um futuro promissor.

Uma pessoa pode receber uma chance inesperada de apresentar seu produto a investidores influentes, mas, se não tiver desenvolvido um plano de negócios sólido, não souber como comercializar seu produto ou não tiver as competências necessárias para administrar um negócio, a sorte não será suficiente para mantê-la no caminho do sucesso. A sorte é apenas uma pequena parte da equação. Embora possa desempenhar um papel em momentos específicos, o verdadeiro fator de sucesso é o trabalho árduo e a dedicação constante.

Ao longo de sua jornada como empreendedor, Mauricio se deparou com momentos em que a sorte parecia estar a seu favor. Conheceu pessoas importantes, teve oportunidades inesperadas e experimentou momentos de sucesso. Porém as circunstâncias favoráveis não teriam sido possíveis sem seu comprometimento em aprimorar suas habilidades, buscar conhecimento e estar sempre preparado para as oportunidades que surgissem.

O filósofo romano Sêneca deixou um legado de sabedoria que continua relevante até os dias de hoje. Entre suas reflexões, destaca-se a famosa frase: "Sorte é o que acontece quando a preparação encontra a oportunidade". A sorte não é um evento aleatório e imprevisível, é o resultado de estarmos prontos para usufruir dela. À luz da citação de Sêneca, é evidente que a sorte não é um conceito isolado ou mera coincidência.

COMO TER SORTE NA VIDA

As ideias de negócios são abundantes, mas o que realmente importa é a execução. É curioso como as habilidades empreendedoras muitas vezes são as menos reconhecidas, geralmente consideradas "dons" privilegiados. O que está longe de ser verdade. Essas habilidades podem ser aprendidas e desenvolvidas ao longo da vida por qualquer pessoa, e pesquisas comprovam essa premissa. De acordo com a Nottingham University Business School, empreendedores de todos os tipos de negócio podem ser treinados para desenvolver técnicas inovadoras de resolução de problemas. [63]

Embora ninguém possa prever onde ou quando a sorte irá aparecer, existem maneiras de aumentar as chances de encontrá-la, desde estar no lugar certo na hora certa até cultivar uma mentalidade positiva e persistir com determinação, criando as próprias oportunidades e se preparando para o sucesso. Aqui vão algumas dicas:

Esteja aberto a oportunidades inesperadas.	Assuma riscos calculados.
Construa uma rede de contatos sólida.	Cultive uma mentalidade positiva.
Aprenda com os fracassos e seja resiliente.	Esteja preparado. A sorte favorece os preparados.

---

63. https://www.ft.com/content/dcef8160-5dcc-11e4-b7a2-00144feabdc0

Se você quer tomar sol, obviamente não vai encontrá-lo dentro de casa. Foi o que Mauricio fez ao bater na porta da redação da *Folha* para apresentar seus trabalhos. Ele sabia que seu talento não seria descoberto se permanecesse dentro da gaveta. De início, ele não foi aceito, mas recebeu outra oportunidade que na hora poderia não estar diretamente ligada ao que ele realmente desejava, mas que depois se mostrou crucial para seu sucesso. Isso poderia ter acontecido em outro lugar? Sim. Mas saber se colocar no lugar e na ocasião adequados aumentou muito mais suas chances de ter sorte.

É nesse contexto que percebemos que é muito melhor ser habilidoso do que contar com o acaso. Em vez de se deter na ideia de que os outros tiveram sorte, concentre-se em si mesmo. Quando entendemos isso, abrimos espaço para gerar a nossa própria boa sorte. Com um forte foco para atingir nossos objetivos, podemos garantir que isso aconteça, apesar de quaisquer armadilhas ao longo do caminho. Como diz o velho ditado: "Quanto mais você trabalha, mais sorte você tem".

SORTE OU ACASO

A vida é uma montanha-russa de eventos imprevisíveis. Essas situações inesperadas podem trazer benefícios ou oportunidades únicas, como alguém que nunca teve grandes riquezas em sua vida e, um dia, despretensiosamente, acaba acertando todos os números da loteria e ganhando uma enorme quantia.

Nesse caso, podemos dizer que ele foi presenteado com um acaso aleatório que o levou à riqueza. Embora possa ter sido uma pessoa "sortuda" ao ganhar na loteria, é importante destacar que sua riqueza não é resultado direto de seu esforço ou trabalho árduo ou mesmo de um planejamento estratégico. Na realidade, esses eventos são resultado da aleatoriedade da vida – e, sim, isso pode acontecer.

A sorte não se baseia apenas em acasos fortuitos, ela é construída quando nos preparamos para as oportunidades e estamos empenhados em alcançar nossos sonhos. Ela não existe como uma entidade independente, pronta para agir de forma aleatória na vida das pessoas. Embora eventos extraordinários possam ocorrer de repente e trazer mudanças significativas em nossas vidas, não podemos contar apenas com eles.

Pessoas de sorte cultivam a mentalidade da autorrealização, isto é, veem a vida como uma sequência de oportunidades, e não de problemas. Em vez de acreditar que a vida está acontecendo para elas, elas acreditam que a vida está acontecendo por elas. Essa mudança de perspectiva é fundamental para construir um futuro cheio de possibilidades. Isso quer dizer que não devemos nos colocar na mentalidade errada de pensar que não somos afortunados. Cabe a nós criarmos a nossa própria sorte.

Quando não esperamos o acaso acontecer e nos esforçamos para estar no lugar certo na hora certa, além de estudar, se dedicar e trabalhar duro, as oportunidades surgem, as pessoas certas aparecem em nosso caminho e nos deparamos com circunstâncias favoráveis que nos levam mais perto de nossos objetivos. A sorte não é um presente que cai do céu, mas uma recompensa reservada àqueles que têm a coragem de seguir em frente, mesmo quando o caminho parece difícil.

Então, da próxima vez que se deparar com a afirmação de que alguém tem "muita sorte", é importante lembrar que o sucesso é um produto de uma combinação complexa de fatores.

Mauricio acredita que a vida é uma mistura de circunstâncias e esforços. A pelica pode ter tido um significado simbólico em sua vida, mas, ao longo dos anos, ele aprendeu que a sorte está estreitamente ligada às escolhas que fazemos e ao trabalho árduo que dedicamos aos nossos objetivos. Não basta apenas confiar em amuletos e crenças antigas; é necessário agir com determinação e perseverança. Enquanto a lenda das crianças empelicadas e sua sorte percorrem os contos populares, Mauricio prefere acreditar que sua fortuna é resultado de uma combinação de fatores. A pelica pode ter sido o início de um mito, mas é Mauricio quem molda seu destino com as próprias mãos.

CAPÍTULO 11

O Valor do Sonho

E A IMPORTÂNCIA DE ACREDITAR EM SI MESMO

Quando era criança, Mauricio alimentava um imaginário repleto de mundos diferentes, cores vibrantes e sons variados. Sonhava em contar histórias: não apenas a sua, mas a de pessoas que o rodeavam, dos lugares que conhecia e até mesmo daqueles que nunca havia visitado. Não havia barreiras ou fronteiras que pudessem limitar sua imaginação.

Até a juventude, havia uma dúvida constante em sua mente: ele se perguntava se seria um pianista, um cantor ou talvez alguém ligado ao mundo dos instrumentos musicais. Mas no fundo ele sempre soube que desenhar era sua verdadeira paixão. Batia o pé e afirmava com firmeza que jamais abandonaria esse caminho.

Seu pai foi uma grande inspiração em sua vida e carreira. Ele lhe ensinou a perseverar em seus sonhos e a nunca desistir. Era um visionário que acreditava no poder transformador da arte e do entretenimento. Ensinou a importância de criar histórias que emocionassem e inspirassem as pessoas.

Em momento algum Mauricio desanimou ou deixou de acreditar. "Eu sempre tive uma crença um tanto pedante, por assim dizer: eu confio em mim mesmo", diz ele. Quando decidiu criar histórias em quadrinhos, ouviu muitos comentários negativos de pessoas ao seu redor, como: "Isso não vai dar certo, ninguém conseguiu antes". Mas ele não se deixou abater e seguiu em frente.

A única incerteza que lhe acompanhava aparecia nos momentos em que a inspiração e a criatividade não davam sinal de vida. Mesmo assim, ele sempre acreditou que, de um jeito ou de outro, as histórias apareceriam, como o nascer do Sol, e, eventualmente, as ideias voltavam a brotar em sua mente. Foi nesses momentos que percebeu que qualquer pessoa, em qualquer circunstância, tinha o poder de continuar trabalhando, tendo ideias e escrevendo pequenas narrativas, páginas e livros inteiros. Mas com uma condição: estar em paz consigo mesmo e com seus objetivos.

Mauricio descobriu que podia criar um personagem todos os dias, se assim quisesse, como uma fábrica. Mas de onde tirava suas ideias? Bastava conversar com qualquer pessoa, ouvir uma história que aconteceu com ela ou até mesmo com ele mesmo e – pronto!, tinha uma nova história, um novo personagem. Atualmente, há cerca de 400 personagens vivos nos quadrinhos. Mauricio acredita que pode dobrar esse número, diversificar os retratos, criar novas linguagens, novas características... e muito mais, se tiver um tempo disponível.

É incrível como tudo isso funciona. Mauricio descobriu que a confiança na sua própria criatividade e na capacidade de criar algo único e significativo é fundamental. Então, sim, confiar em si mesmo foi uma parte essencial dessa jornada. Acreditar que no poder de criar, inovar e contar histórias que conectam as pessoas é o que o motiva todos os dias. E a melhor parte é que essa jornada de criação nunca acaba. Sempre há novas histórias para contar, novos personagens para explorar e um mundo de possibilidades para criar.

É verdade que muitas pessoas enfrentam a síndrome do impostor e lutam com a falta de confiança para transformar seus sonhos em realidade. A síndrome do impostor é um fenômeno psicológico no qual as pessoas têm uma sensação persistente de não serem dignas de suas conquistas e sucesso. Elas sentem que são fraudes e têm a constante preocupação de serem descobertas como incompetentes, mesmo quando há evidências sólidas de suas habilidades e realizações.

Essa síndrome afeta principalmente indivíduos que são altamente realizadores, perfeccionistas e autoexigentes. Mesmo diante de conquistas significativas, essas pessoas tendem a atribuir seu sucesso a fatores externos, como sorte ou circunstâncias favoráveis, em vez de reconhecerem suas próprias capacidades e méritos.

As pessoas com síndrome do impostor costumam ter um diálogo interno negativo, no qual se criticam constantemente e duvidam de sua competência. Esses sentimentos de inadequação podem levar a altos níveis de estresse, ansiedade, autossabotagem e dificuldade em aproveitar plenamente o sucesso alcançado.

Um estudo realizado pela empresa de tecnologia Kajabi, que analisou mais de 600 empreendedores e proprietários de pequenas empresas, revelou que 84% desses indivíduos experimentavam a síndrome do impostor; mais de 20% viviam atormentados pelo receio de serem "descobertos" por falta de conhecimento ou habilidade; e outros 20% sentiam que o seu sucesso era meramente uma questão de sorte.[64]

O medo e a dúvida são duas forças poderosas que frequentemente se tornam obstáculos em nossa busca por realizar os sonhos. Quando permitimos que essas emoções tomem conta de nossas mentes, elas nos levam à procrastinação e a encontrar desculpas para não agir. É nessa hora que nossos sonhos morrem. Afinal, sonhar é apenas o primeiro passo para a concretização de nossos desejos mais profundos, mas a verdadeira importância está na ação que tomamos para transformá-los em realidade.

---

64. https://www.novo.co/blog/how-to-overcome-imposter-syndrome-as-an-entrepreneur#:~:text=Imposter%20syndrome%20involves%20questioning%20if,likely%20to%20experience%20imposter%20syndrome

O QUE IMPEDE A REALIZAÇÃO DE UM SONHO

A síndrome do impostor é um fenômeno complexo. Embora suas origens sejam multifacetadas, pesquisas recentes revelam uma conexão entre o desenvolvimento dessa síndrome e o papel dos pais na vida de um indivíduo, a dinâmica familiar desde a infância, um contexto de muita cobrança e a intolerância em relação às falhas.[65]

Quando os pais estabelecem padrões de excelência inatingíveis e colocam uma pressão constante sobre o desempenho de seus filhos, podem criar um ambiente propício para o desenvolvimento dessa síndrome, pois as crianças tendem a internalizar a ideia de que seu valor está ligado apenas aos resultados alcançados, e não à sua essência como indivíduos. Elas crescem acreditando que suas conquistas são resultado de sorte ou circunstâncias externas, minimizando sua própria contribuição. Essa visão distorcida de si mesmas pode levar à constante sensação de serem impostoras, mesmo quando talentosas.

No outro extremo, a falta de cuidado parental também pode deixar um vazio emocional e criar um sentimento de desamparo nas crianças. A ausência de apoio e incentivo dos pais pode gerar insegurança e dúvidas constantes sobre a própria competência e valor. E essa falta de cuidado paterno pode contribuir para a manifestação da síndrome do impostor.

---

65. https://www.psychologytoday.com/intl/blog/good-thinking/201310/do-you-feel-like-an-impostor

Qualquer que seja a origem das vozes internas que nos atormentam, ao nos tornarmos conscientes de sua existência podemos começar a questionar e reavaliar nossas crenças e padrões de pensamento. A conscientização sobre a existência da síndrome do impostor é o primeiro passo para romper esse ciclo que nos impede não apenas de realizar sonhos, mas de sonhar.

De acordo com um estudo que analisou 135 estudantes universitários, mulheres com altos níveis de ansiedade e síndrome do impostor tendem a trabalhar excessivamente e buscar aprovação de forma incessante. Por outro lado, homens tendem a evitar situações que possam expor suas fraquezas, buscando atividades que destaquem seus pontos fortes para esconder suas vulnerabilidades.[66]

Essa falta de confiança pode se manifestar em diferentes aspectos da vida. É comum que uma pessoa que deseja realizar um sonho enfrente diversos desafios, desde lidar com a concorrência até administrar as finanças. Mas, se ela não tem confiança, ela os torna mais complicados do que realmente são, em vez de enfrentar esses obstáculos de forma efetiva, perdendo paciência e ficando ansiosa.

A ansiedade e o estresse podem ter um impacto significativo na energia, criatividade e clareza mental. O medo do fracasso e a busca constante por aprovação externa podem se tornar uma prisão, impedindo que essa pessoa avance. Além disso, ela tem dificuldades de admitir seus erros, pedir ajuda e delegar tarefas, por medo de parecer vulnerável às outras pessoas.

---

66. https://www.psychologytoday.com/intl/blog/good-thinking/201310/do-you-feel-like-an-impostor

No geral, as pessoas inseguras tendem a duvidar de suas próprias habilidades e competências, constantemente questionando suas ações e se preocupando com a possibilidade de cometer erros ou ser rejeitadas. Elas podem se sentir inadequadas ou inferiores em comparação aos outros, levando a uma constante busca por validação externa e aprovação.

E o pior: constantemente permitem que o medo e a dúvida as impeçam de agir. Essa mentalidade alimenta a síndrome do impostor, que faz com que não se consiga enxergar um futuro brilhante e próspero. Portanto, se você quer realizar grandes sonhos, independentemente de qual sejam, é fundamental desenvolver sua confiança, pois ela serve como combustível que vai despertar seu potencial máximo.

EMPREENDER É REALIZAR SONHOS

Mauricio sempre esteve mergulhado em mundos de fantasia e, conforme o tempo foi passando, conseguiu concretizá-los com livros, parques temáticos, séries adolescentes, filmes e desenhos animados. Cada obra era uma fonte de inspiração e uma faísca de imaginação que impulsionava seus próprios desejos de criar algo especial. Porém havia um sonho em particular que parecia mais desafiador, quase inatingível: o *live-action* da Turma da Mônica.

Mauricio nutria um misto de receio e dúvida, questionando se crianças poderiam interpretar com sucesso esses icônicos personagens. Com a convicção de que seu futuro estava nas próprias mãos, Mauricio mergulhou de cabeça na realização desse projeto ambicioso, confiando piamente no trabalho de sua equipe, principalmente na escolha dos atores que interpretariam os personagens. Ele insistiu que os atores fossem crianças.

Quando viu o resultado nas telas do cinema, a emoção tomou conta de Mauricio. Lá estavam eles, os personagens que tanto amava, ganhando vida de uma maneira que ele havia sonhado por tanto tempo. As críticas começaram a surgir e, para sua alegria, foram extremamente positivas. O filme "A Turma da Mônica – Laços", obra baseada na Graphic MSP, escrita e desenhada pelos irmãos Vitor e Lu Cafaggi, baseada, claro, nos personagens da Turminha, era concretização de um sonho antigo.

Ao longo de sua jornada, Mauricio percebeu que ele passava por inúmeras experiências, e simplesmente não fazia ideia do motivo pelo qual elas estavam acontecendo. Eram eventos aparentemente desconexos, que não faziam sentido no momento, mas que, mais tarde, se vinculavam ao seu sonho, revelando-se necessários e importantes para seu crescimento.

Quando desenhava, por exemplo, o primeiro quadro de uma história em quadrinhos, ele não tinha a menor ideia de como seria o segundo ou o terceiro. Não planejava o rumo da história com antecedência, nem sabia quais personagens entrariam, nem se haveria um final feliz. Simplesmente deixava sua imaginação fluir. O Cebolinha poderia estar caminhando numa rua ensolarada e, de repente, encontrar a Mônica triste sentada numa pedra. Ou poderia achar um dinheiro na rua e ficar pensando no que comprar com ele. Ou o Cascão poderia aparecer correndo para contar que o Bidu havia caído num buraco. As possibilidades eram infinitas, e Mauricio as explorava sem restrições.

Nesse processo natural, ele nunca teve dúvidas sobre si mesmo, como criador, aquele que arrisca, desenha e espera que dê certo. Sempre acreditou que, se algo não funcionasse da maneira planejada, estava destinado a resultar em algo ainda melhor, de uma maneira diferente. Mauricio aprendeu, ao longo do tempo, a perder essa obsessão de planejar todos os aspectos do seu sonho. Em vez disso, concentrou-se em agir e experimentar coisas novas, sabendo que as respostas e os caminhos certos se revelariam no momento oportuno, desde que estivesse comprometido em agir e seguir em frente.

Ao colocar seus conhecimentos e habilidades em ação, ele dá vida a uma ideia e alcança o que deseja. Isso é um exemplo de como o empreendedorismo pode ser a chave para realizar os sonhos da vida. Quando adotamos uma mente empreendedora, assumimos a responsabilidade por nossas vidas. Não dependemos apenas de circunstâncias externas, mas somos protagonistas de nossas jornadas.

A mentalidade empreendedora não se limita apenas aos negócios, mas permeia todas as áreas da vida, desde a educação até a carreira profissional e os relacionamentos pessoais. Ao se tornar um empreendedor, você se torna o arquiteto de seu próprio futuro. Deixamos de ser espectadores passivos e nos tornamos protagonistas de nossas vidas. Como disse Abraham Lincoln: "A melhor maneira de prever o futuro é criá-lo". E, ao criar o nosso futuro, abrimos espaço para a realização de sonhos.

GRANDES SONHOS, GRANDES RESULTADOS

Quando Mauricio decidiu fazer o Cascão sumir das páginas da *Folha* por causa das chuvas torrenciais que estavam acontecendo em São Paulo, os fãs ficaram intrigados. Vários leitores lhe enviaram cartas, sugerindo lugares onde o personagem poderia estar escondido. Um dia, Mauricio teve a ideia de "resgatar" o Cascão, colocando uma pessoa fantasiada do personagem para descer de um helicóptero. Pelo menos 400 pessoas se reuniram para vê-lo chegar. Quando Cascão saiu do helicóptero, a multidão foi à loucura, com todo mundo querendo tirar fotos, pegar autógrafos e até dar um abraço nele.

    Naquele momento, Mauricio se deu conta de que as pessoas realmente estavam dispostas a sair de casa para ver seus personagens de perto. Foi então que teve a ideia de fazer uma peça de teatro. Sua equipe achou que não valeria a pena, mas ele insistiu. Com um enredo cativante, uma trilha sonora envolvente e uma iluminação impecável, a peça tinha tudo para dar certo... Mas a primeira tentativa foi um fracasso. Ao investigar a opinião do público, descobriu que as crianças não apreciavam tanto os atores usando máscaras dos personagens, elas queriam vê-los fantasiados da cabeça aos pés.

    Determinado a acertar, Mauricio decidiu atender às vontades do público. Além disso, ele percebeu a importância de encontrar uma história que fosse atrativa também para os adultos, pois eram eles que acompanhavam as crianças. Foi então que teve uma brilhante ideia: adaptar uma das obras mais icônicas de William Shakespeare, criando a peça *Mônica e Cebolinha no mundo de Romeu e Julieta*. Foi um sucesso! As pessoas formaram filas para comprar ingressos, e a peça ficou oito meses em cartaz, sempre com a casa lotada. Na sua segunda temporada, chegou a receber o Prêmio FEMSA de Teatro Infantil de Melhor Produção.

    Os realizadores de sonhos não apenas sonham, eles lutam incansavelmente para realizá-los. Acreditam em si mesmos, no seu potencial, e confiam que podem transformar seus projetos em realidade. O tamanho dos nossos sonhos está ligado às nossas conquistas e resultados. É um princípio simples, mas poderoso, que revela a importância de sonhar grande e ambicionar mais em nossas vidas. Quando sonhamos com algo significativo e desafiador, estamos estabelecendo metas que nos impulsionam a agir. Grandes sonhos nos inspiram a sair da zona de conforto, a expandir nossos limites e a explorar todo o nosso potencial.

Reduzir o tamanho dos sonhos não leva necessariamente a um aumento na felicidade. Pelo contrário, sonhos e aspirações significativas geralmente estão ligados a um senso de propósito e realização pessoal. O sonhar é o cerne do propósito inicial de cada negócio, a motivação que impulsiona cada empreendedor. É mais do que apenas buscar uma oportunidade de ganhar dinheiro, é ter uma razão profunda e apaixonante por trás de cada passo dado.

Sonhar grande nos motiva a buscar constantemente novos conhecimentos, habilidades e experiências. Inspirados por nossos sonhos ousados, nos empenhamos em melhorar, em nos tornar melhores versões de nós mesmos e em alcançar resultados extraordinários. É importante ressaltar que sonhar grande não significa apenas desejar coisas materiais ou sucesso financeiro. Os sonhos podem abranger uma variedade de áreas, como relacionamentos significativos, contribuição para a sociedade, desenvolvimento pessoal e bem-estar emocional.

Infelizmente, é comum vermos em muitos negócios o sonho inicial se perder ao longo do tempo à medida que ela vai crescendo. Muitas vezes, as pessoas têm sonhos, mas deixam de alimentá-los, por serem consumidas por uma rotina cheia de tarefas e pouco tempo disponível.

É importante refletir sobre o tamanho dos nossos sonhos e se eles estão em declínio. Se isso acontecer, saiba que é hora de despertá-los. Além disso, é importante celebrar cada vitória conquistada ao longo dessa jornada, pois todos precisam ver evidências de que estão progredindo na direção certa e não deixar o desânimo tomar conta. Ao encerrar um ciclo de conquistas, é preciso começar a construir novos. Devemos resgatar a capacidade de sonhar sempre.

Mauricio diz que seus sonhos se realizam, porque a sua criança sonhadora interior nunca o abandonou. Ela esteve presente em todos os momentos, jamais deixando que ele se sentisse só. Afinal, "sonhar é maravilhoso, é necessário, mais do que nunca. Quando algo não existe, nós o inventamos, criamos e sonhamos outra vez", afirma.

Mauricio confessa ser um verdadeiro teimoso, mas no melhor sentido da palavra: sempre soube que seu sonho daria certo. Só não imaginava que chegaria a esse tamanho. Seu sucesso é uma prova de que, quando alimentamos nossos sonhos com persistência e paixão, eles se tornam realidade, ultrapassando todas as expectativas.

SONHAR É ILIMITADO

Mauricio está determinado a expandir os horizontes de seus personagens além das fronteiras do Brasil. Com o objetivo de levar suas criações para o exterior, ele tem trabalhado arduamente para aumentar o leque de produtos e conquistar fãs ao redor do mundo. Sobre o futuro da Turma da Mônica, Mauricio revelou um projeto inovador que planeja realizar nos próximos anos: a criação de uma série da Turma da Mônica Adulta, na qual os personagens começariam na história aos 25 anos e, a cada ano, envelheceriam com os leitores, como se estivessem imersos na realidade do mundo. A intenção é trazer as questões atuais e do dia a dia para as histórias, transformando-as em uma espécie de folhetim jornalístico.

Quando se trata de sonhos, Mauricio defende que a verdadeira liberdade está em ser lúcido, pensar, refletir e abrir-se para todas as possibilidades. Ao longo de sua vida, seus sonhos têm passado por transformações constantes. Mauricio confessa que é um tanto ambicioso. Seu grande sonho hoje é ver a Turma da Mônica sendo publicada novamente na China. Mas, devido a questões políticas locais, precisou interromper a produção das revistas.

Pode-se dizer que seu sonho de entrar na China esteve adormecido por um tempo devido às circunstâncias, mas ele jamais deixou que morresse. Mauricio continua trabalhando arduamente para isso e quer também expandir para outros países asiáticos. Ele diz que quer viver cada dia com um sonho para realizar, como tem sido sempre. Esse sonho permanece vivo e ardente dentro dele, mesmo que seja de longo prazo. Mauricio acredita que os sonhos são a semente do sucesso: é preciso plantá-los com cuidado e regá-los com dedicação para colher os frutos do seu esforço. "O sonho fica. É covardia você jogar fora; leva muito tempo para montar os detalhes de que você necessita para obter algum objetivo", afirma.

CAPÍTULO 12

O Valor da Família

E A SEMENTE PARA O FUTURO

Mauricio lembra claramente do momento em que segurou seu primeiro lápis de cor e começou a deixar a imaginação fluir por meio dos rabiscos e desenhos um tanto esquisitos. Desde os primeiros rabiscos nos cadernos escolares até as caricaturas que fazia dos colegas, ele sabia que tinha achado algo especial. Na escola, ele sempre encontrava inspiração ao observar os outros alunos: havia o mocinho, que era inspirado em seu amigo mais próximo; o bandido, uma representação do colega que nem sempre era tão amigável; a mocinha, que era a garota simpática da classe; e a bruxa, a menina mal-humorada.

À medida que ia aprimorando seus desenhos, Mauricio começou a sentir a necessidade de criar mais personagens para suas histórias. Mas como poderia fazê-lo sem precisar usar a si mesmo como referência? Foi então que a vida lhe presenteou: ele se casou e teve muitos filhos. Cada criança que chegava ao mundo trazia consigo uma personalidade única, tornando-se uma fonte inesgotável de inspiração para os personagens. Era fascinante observar como cada uma reagia às situações, suas características individuais, gostos e desgostos, e até mesmo a dinâmica de suas relações familiares.

Além disso, eles tinham amigos e participavam de clubes e grupos, o que lhe permitia observar e incorporar ainda mais elementos em suas histórias. A inspiração sempre esteve ao seu redor, naqueles que o rodeiam e nas experiências emocionais que vivenciava. E, assim, Mauricio continuou a observar, a aprender e a desenhar, trazendo um pouco do seu mundo e das pessoas que o habitam para as páginas de seus quadrinhos.

Com o passar dos anos, seu repertório de personagens cresceu exponencialmente. Com dez filhos – Valéria, Mauricio, Vanda, Mariângela, Mônica, Magali, Marina, Mauro, Marina, Mauricio e Marcelo –, ele teve a oportunidade de criar dez personagens distintos, cada um com sua própria essência e características marcantes. Não apenas se inspirou em seus filhos, como os acolheu em sua empresa – dos dez, Marina, Mônica e Mauro ocupam cargos de liderança. Ele ainda tem doze netos e quatro bisnetos, sendo alguns deles colaboradores do seu estúdio. Devido ao apego à família, gostaria de convencer todos os filhos a se mudarem para perto dele e fez questão de que a sede do MSP ficasse próxima de suas casas.

Mauricio costuma dizer que quem não tem família tem só metade da alma. Ele acredita que a família é vital para o equilíbrio do ser humano, pois é ela que o ensina, sustenta e dá a força necessária para enfrentar os desafios que surgem no caminho. Desde os tempos mais remotos, os seres humanos buscavam formas de se conectar uns com os outros e criar laços que os fizessem se sentir pertencentes a um grupo e protegidos contra as forças externas.

A importância da família transcende as barreiras do tempo e da cultura. Em todas as sociedades, os laços familiares desempenham um papel central. Eles nos conectam com nossas raízes, nos ensinam valores fundamentais e nos ajudam a moldar nosso caráter. Para Mauricio, a família é tudo. E ela pode ser ainda mais do que apenas as pessoas que moram conosco ou os irmãos que saíram do mesmo ventre. A família também inclui aqueles que vamos conquistando ao longo da vida.

Mauricio reconhece que sua trajetória foi acontecendo naturalmente, sem um planejamento prévio, sobretudo no que diz respeito à entrada dos negócios no processo familiar. Por ter nascido em uma família grande, ele já estava inserido nesse contexto desde o início. Aos poucos, a paixão pelo desenho foi tomando conta de sua vida, e a família foi essencial para ajudá-lo a conciliar todas as demandas.

À medida que seu trabalho foi ganhando visibilidade, Mauricio foi ficando cada vez mais ocupado na produção dos quadrinhos e desenhos animados. Ele já não conseguia se dedicar a outras atividades, nem mesmo a simples tarefas do dia a dia. Foi nesse momento que decidiu convocar a família para ajudá-lo na MSP.

Enquanto presidente, chefiar seus próprios filhos não é uma tarefa fácil, ainda mais quando cada um deles é de diferentes gerações. Mauricio e sua família tiveram que aprender a lidar com questões como expectativas, intimidade, diferenças, divergências de ponto de vista na construção de roteiros e desenhos e a pressão que todos esses obstáculos traziam.

No começo, trabalhar com Mauricio foi um processo "delicado" para seus filhos, pois era necessário entender como seria ter o próprio pai como chefe. Houve alguns desentendimentos e ajustes, o que foi crucial para estabelecer uma relação profissional e de cooperação mútua. As empresas familiares de sucesso são aquelas que atingiram o equilíbrio entre o profissional e o pessoal.

É verdade que trabalhar com a família nem sempre é fácil, por já existir certa "intimidade". Embora compartilhem do mesmo DNA, existem diferenças importantes entre os membros que provam que nem mesmo o núcleo familiar é livre de conflitos e desavenças. Como qualquer grupo social, a família necessita de diálogo constante e uma relação de respeito para se manter unida e forte.

Apesar de alguns conflitos, Mauricio nunca colocou suas vontades à frente dos desejos de seus filhos. Pelo contrário, sempre respeitou opiniões, gostos e pontos de vista. Ele acredita que as opiniões divergentes devem ser resolvidas na base do diálogo e que sua esposa e seus filhos trabalham não só para o crescimento da empresa, mas, acima de tudo, para manter a união familiar. Sem ela, a empresa está condenada à crise.

Com auxílio na parte administrativa, comercial e de logística, ele pôde focar a produção dos desenhos. Desde então, Mauricio buscou cultivar esse senso de unidade e apoio na MSP. A empresa é uma extensão de sua família, e ele reconhece que o trabalho em equipe, a colaboração e o respeito mútuo são fundamentais para o sucesso.

Hoje, nos corredores do estúdio, trabalho e vida familiar se misturam, com cada membro desempenhando papéis importantes. No conselho, Mauricio e sua atual esposa, Alice. Mônica ocupa o cargo de diretora executiva responsável pela área comercial. Em seguida, está seu neto Marcos (filho de Mônica), seus filhos Marina, Mauro e Fabio Junqueira, diretor financeiro e único que não faz parte da família, compondo o comitê executivo.

Alice é diretora do estúdio, enquanto Mônica ocupa o cargo de diretora comercial; Marina é publicitária e diretora de conteúdo; Mauro, com formação em artes cênicas e música, é responsável pelos eventos da Turma da Mônica, ocupando o cargo de diretor da Mauricio de Sousa Ao vivo, braço do grupo responsável por espetáculos teatrais, musicais, parques temáticos e experiências ao vivo; Marcos é o diretor da área de audiovisual e redes sociais e Marcelo, o caçula, entrou para a área comercial.

A MSP é uma empresa que encanta tanto pelo seu valor, estimado em bilhões de dólares, quanto pela sua estrutura fortemente familiar. Diferentemente de outras empresas de mesmo modelo, a MSP é um exemplo vivo de que é possível construir um negócio sólido e bem-sucedido com esse elo. A empresa mantém parte de sua estrutura produtiva de forma artesanal, preservando a essência e o caráter único de suas criações, ao mesmo tempo que incorpora tecnologia e inovação, encontrando um equilíbrio entre a tradição e a modernidade.

A constante presença de Mauricio pelos corredores da empresa é um testemunho do seu compromisso e da paixão pelo trabalho que realiza. Ele enfatiza que não conseguiria trabalhar em uma empresa que não fosse familiar, pois valoriza o contato próximo com seus parentes e as intervenções de seus filhos, netos e bisnetos – que abrangem uma faixa etária que vai desde sua filha mais velha, com mais de 60 anos, até o seu filho mais novo, com 25 anos –, que são uma fonte inesgotável de aprendizado. Essa conexão íntima e a troca constante de ideias são fundamentais. Ele não apenas se orgulha de ver seus filhos e parentes envolvidos na empresa, como também enxerga isso como um fator crucial para o sucesso contínuo da MSP.

FAMÍLIA, FAMÍLIA, NEGÓCIOS À PARTE

Uma empresa muitas vezes começa com uma pessoa ou um grupo central, que estão envolvidos em todas as áreas do negócio. Ela se torna familiar quando parentes decidem empreender juntos, compartilhando recursos, conhecimentos e esforços para criar e administrar um negócio. Geralmente, a formação de uma empresa familiar envolve a criação de um plano de negócios, a definição de papéis e responsabilidades dos membros envolvidos.

Existem diferentes formas de iniciar uma empresa familiar. Pode ser que um ou mais parentes tenham uma ideia de negócio e convidem outros membros para participar; ou pode acontecer a sucessão empresarial, na qual a gestão e a propriedade de uma empresa já existente são transferidas para a próxima geração da família. Normalmente, é a partir da segunda geração que a empresa é oficialmente reconhecida como familiar, pois a continuidade e a herança estão estabelecidas.

De acordo com dados do Instituto Brasileiro de Geografia e Estatística (IBGE), cerca de 90% das empresas brasileiras têm perfil familiar. Essas empresas não apenas contribuem significativamente para o Produto Interno Bruto (PIB), representando mais da metade dele, como também são responsáveis por empregar aproximadamente 75% da mão de obra do país. Segundo o relatório *Global Entrepreneurship Monitor* (GEM) *Family Entrepreneurship Report*, elaborado pelo Babson College, 81% dos empreendedores são coproprietários ou cogerenciam seus negócios com membros das próprias famílias.[67]

A confiança, o vínculo e a visão de longo prazo podem ser vantagens significativas para o negócio. As empresas familiares muitas vezes são orientadas por valores e princípios, que podem ser um diferencial competitivo. E estes são transmitidos de geração em geração, proporcionando uma identidade única à empresa e fortalecendo os laços com os clientes.

Por outro lado, administrar uma empresa familiar também apresenta questões específicas. A dinâmica familiar pode trazer desafios e gerar conflitos e dificuldades na tomada de decisões, como conflitos de interesse, dificuldade em separar assuntos pessoais de negócios e principalmente a necessidade de lidar com questões emocionais dentro da empresa. Segundo o estudo *Governança em Empresas Familiares: Evidências Brasileiras*,

---

67. https://www.babson.edu/media/babson/assets/global-entrepreneurship-monitor/GEM-2019-2020-Family-Entrepreneurship-Report.pdf

realizado pelo IBGC e pela PwC, que analisou 279 empresas familiares das cinco regiões, conflitos familiares são apontados como o principal motivo para a saída de sócios dessas empresas, enquanto a "profissionalização" da gestão é o principal motivo para a entrada de novos.[68]

INTERCÂMBIO DE APRENDIZADO ENTRE AS GERAÇÕES

Dentro da MSP, há uma nítida diferença de idade entre os membros da família que estão envolvidos na gestão do negócio. Mônica, atualmente com 62 anos, faz parte da primeira geração e está em uma idade em que a aposentadoria se torna uma possibilidade. Embora não haja planos concretos nesse sentido, é algo que está no horizonte. Enquanto isso, Marina, com 37 anos, e Mauro, com 35, fazem parte da segunda geração e ainda estão no auge de suas carreiras, enfrentando os desafios que os cercam.

Nessa dinâmica, Marcos, aos 36 anos, desempenha um papel crucial. Ele é o diretor do departamento audiovisual e traz uma perspectiva fresca e inovadora para a empresa. Os três – Marcos, Mauro e Marina – são muito próximos e com frequência dialogam entre si, principalmente nas tomadas de decisões conjuntas.

Essa diferença de gerações traz certa complexidade às relações familiares, mas os filhos afirmam que têm a sorte de poder contar com o apoio e a orientação do que eles chamam de "Santa Trindade": Mauricio, Alice e

---

68. http://tradecon.com.br/wordpress/wp-content/uploads/2019/07/pesquisa_gov_emp_fam_web.pdf

Mônica, os diretores principais da empresa. Embora sejam hierarquicamente subordinados a eles, são, acima de tudo, seus filhos (e irmãos), o que lhes proporciona um canal aberto de comunicação e interação.

Há uma constante troca de ideias e opiniões entre eles, especialmente sobre a modernização da MSP. Mauro, em particular, desempenha um papel importante nesse processo. Ele administra sua área com maestria e traz uma perspectiva diversa e inclusiva, impulsionada por sua orientação homossexual. Sua vontade de promover a diversidade na empresa é admirável e tem sido um fator fundamental nessa modernização.

No departamento de conteúdo, há muitos desafios pela frente. A equipe de Marina trabalha em estreita colaboração com Mauro, pois precisam desenvolver roteiros para as peças de teatro e garantir que a personalidade dos personagens seja transmitida em cada brinquedo do Parque da Mônica. O *storytelling* é fundamental, e suas discussões são sempre muito produtivas.

Como herdeiros, eles enfrentam uma grande responsabilidade. Discutem sobre a sucessão, a empresa e os funcionários. São assuntos delicados, pois, quando estão sozinhos e as portas se fecham, é natural que ocorram algumas discordâncias. No entanto, sempre buscam harmonia e respeito mútuo.

A MSP atravessa quatro gerações e está em diferentes estágios de aprendizado. Mônica, com sua vasta experiência de mais de 40 anos na empresa, compartilha tudo o que sabe, enquanto Marina e Mauro estão em constante aprendizado e absorção de conhecimento. Essa dinâmica é comum em empresas familiares. A transmissão de contatos e conhecimentos das gerações mais antigas para as mais novas contribui para a profissionalização dos herdeiros.

Esse processo permite que eles adquiram experiência, habilidades e entendimento sobre o funcionamento do negócio, preparando-os para assumir responsabilidades e liderança no futuro. Além disso, a transferência de conhecimentos é fundamental para aprofundar a compreensão sobre as práticas e peculiaridades do negócio. As gerações mais antigas têm uma visão única dos desafios enfrentados, das estratégias bem-sucedidas e das lições aprendidas ao longo do tempo. Compartilhar essas informações valiosas permite que os herdeiros evitem erros comuns e aproveitem o conhecimento acumulado para tomar decisões informadas.

A profissionalização dos herdeiros é um processo contínuo que vai além da simples transmissão de contatos e conhecimentos. Envolve o desenvolvimento de habilidades de liderança, gestão, tomada de decisão e visão estratégica. É importante ressaltar que essa transmissão não se limita apenas aos aspectos técnicos do negócio. Também envolve valores, cultura empresarial e ética de trabalho, fatores que moldaram a empresa ao longo dos anos. Esses elementos são fundamentais para manter a identidade e a essência da empresa familiar, ao mesmo tempo que permitem que os herdeiros tragam inovação e adaptação aos desafios contemporâneos.

A SOBREPOSIÇÃO DE PAPÉIS

A sobreposição de papéis é um desafio comum enfrentado por muitas empresas familiares e multifamiliares. Isso ocorre quando os sócios e membros da família assumem diferentes funções dentro da empresa e precisam lidar com as responsabilidades e prioridades específicas de cada uma. A mesma pessoa pode ser obrigada a desempenhar diferentes papéis em momentos distintos, o que pode causar conflitos de interesse e dificuldades na definição de prioridades.

Um dos motivos que contribuem para essa sobreposição de papéis é o apego emocional dos sócios ao negócio. Muitas vezes, os fundadores veem a empresa como parte de sua missão de vida e legado, o que pode levar a uma centralização excessiva e dificuldade em delegar responsabilidades.

À medida que a empresa cresce e evolui, é crucial que as responsabilidades sejam delegadas a outros membros da família que possuam habilidades específicas e conhecimento em áreas relevantes. Quando eles assumem diferentes responsabilidades, há uma distribuição equilibrada do trabalho e uma utilização mais eficaz dos talentos individuais, permitindo que a empresa alcance todo o seu potencial.

A delegação eficaz não apenas alivia a carga de trabalho dos fundadores, permitindo que eles se concentrem em questões estratégicas e de liderança, mas também capacita os membros da família ao dar-lhes a oportunidade de crescer profissionalmente. Isso promove um senso de propriedade e comprometimento. Mauricio reconhece que, embora sua paixão seja a parte artística, há áreas-chave do negócio que exigem conhecimentos especializados que ele não tem. É aí que a profissionalização se faz essencial.

Esse processo já está em andamento na MSP. Mauricio afirma que não pode fugir dessa responsabilidade, sobretudo porque em sua família só nascem pessoas com habilidades artísticas, e por isso é necessário buscar especialistas do mercado para preencher essas lacunas. Com o tempo, ele percebeu que a empresa precisava de uma perspectiva externa para se manter atualizada e inovadora. Ele incorporou, na equipe, diretores para cuidar da área administrativa, financeira, jurídica e de outras que demandam expertise específica.

De acordo com um estudo realizado pelo Instituto Brasileiro de Governança Corporativa (IBGC), aprimorar o modelo de gestão foi apontado como o motivo mais recorrente para as empresas discutirem questões relacionadas à governança. Cerca de 67,4% das empresas entrevistadas destacaram esse aspecto como uma prioridade em suas estratégias de gestão. É interessante notar que a maioria (59,5%) busca ou buscou orientações de profissionais externos para auxiliar com o patrimônio familiar.

Essas pessoas trazem consigo independência e conhecimentos fundamentais para o sucesso da empresa. Elas têm autonomia para tomar decisões importantes e implementar práticas eficientes em suas respectivas áreas. No entanto, Mauricio às vezes sente a necessidade de intervir temporariamente para garantir que a autonomia esteja alinhada aos objetivos e valores da empresa. Afinal, é importante manter uma harmonia e um equilíbrio em todas as áreas.

Conforme a empresa foi evoluindo, ele tem se distanciado cada vez mais da parte executiva. Mauricio se diz afortunado por poder contar com uma equipe competente ao seu redor, e tem confiado cada vez mais neles, delegando responsabilidades importantes. Essa mudança de postura tem sido necessária para garantir o bom funcionamento da empresa.

VERDADEIRAMENTE MERITOCRÁTICA

Embora existam inúmeras vantagens em ter membros da família envolvidos no negócio, é importante reconhecer que nem todas as funções podem ser desempenhadas exclusivamente por eles. A meritocracia em empresas familiares pode ser um desafio, sobretudo devido à presença de laços familiares e relações emocionais que podem dificultar a avaliação objetiva do desempenho e o reconhecimento com base no mérito.

Uma das dificuldades que as empresas familiares enfrentam é reconhecer as limitações pessoais de cada membro. A proximidade muitas vezes os impede de ter uma comunicação franca e aberta sobre suas fraquezas. A tendência natural é evitar confrontos e proteger os laços. No entanto, essa postura pode impedi-los de reconhecer e enfrentar suas limitações de forma adequada.

Mauricio sempre teve o privilégio de contar com muitos familiares trabalhando ao seu lado: pai e irmãos, esposa, filhos, sobrinhos e até mesmo seus netos. Essa dinâmica traz uma diversidade de opiniões, interesses e habilidades, mas ele compreende que cada um possui suas preferências, talentos e até mesmo área de atuação em que se sente mais confortável. Isso é perfeitamente natural em um ambiente familiar complexo como o dele.

Mauricio reconhece que seu papel como líder é estar aberto às coisas que funcionam bem, que se ajustam e que trazem resultados positivos para a empresa. Por outro lado, é também importante reconhecer que algumas coisas podem ficar um pouco desajustadas, e é de sua responsabilidade administrar essas situações para que não prejudiquem o todo. O entendimento mútuo entre as partes envolvidas é que cada um ocupe seu espaço conforme sua especialidade. Isso implica respeitar e valorizar as habilidades individuais e garantir que todos estejam contribuindo de forma significativa para o sucesso da empresa.

É importante mencionar que, ao longo do tempo, houve casos em que parentes não atenderam aos requisitos necessários para determinadas posições ou funções e foi necessário que eles deixassem a empresa. Mauricio admite que não foi uma decisão fácil, mas foi tomada com base na avaliação de que essas mudanças eram necessárias para o bem-estar e o crescimento do negócio.

No geral, os resultados que a MSP tem alcançado são bons, e isso demonstra que a empresa está no caminho certo. Mas Mauricio tem consciência de que deve continuar avaliando constantemente o desempenho, buscando melhorias e garantindo que a empresa familiar seja verdadeiramente meritocrática. É preciso criar um ambiente em que o mérito seja reconhecido e valorizado, independentemente dos laços de sangue que os unem. Isso significa promover uma cultura de *feedback* construtivo e objetivo, em que todos possam crescer e se desenvolver.

CENTRALIZAÇÃO: UMA FACA DE DOIS GUMES

A centralização em uma empresa familiar pode ser um aspecto desafiador e ao mesmo tempo benéfico para a organização. No caso da MSP, essa centralização é exemplificada pela dependência das figuras de Mauricio e Alice, considerados o cérebro e a coluna da empresa. Eles são duas figuras de controle e liderança que desempenham papéis fundamentais desde os primórdios da MSP, há 50 anos, quando o grupo contava com apenas cinco funcionários (com eles inclusos). Essa mentalidade de controle é herança do modo como a empresa foi construída, e, se não fosse por essa abordagem, a MSP não teria alcançado o sucesso atual. A dependência da empresa em relação a duas pessoas contribui para a manutenção de uma qualidade e essência muito definidas.

A intimidade e a comunicação fácil entre os membros da família podem ser vantajosas, pois facilitam a exposição de ideias e a troca de informações. No entanto, essa mesma intimidade pode se tornar perturbadora, pois dificulta a tomada de decisões imparciais e a promoção de uma cultura de confiança nas pessoas ao redor. A centralização excessiva de poder em empresas familiares pode trazer algumas consequências negativas. Um estudo do Banco Mundial[69] aponta que essa característica é um dos principais desafios enfrentados por essas organizações.

Um dos problemas associados à centralização é a falta de delegação de responsabilidades e poder de decisão. Quando todas as decisões importantes são tomadas apenas pelos donos ou membros da família, pode haver uma sobrecarga de trabalho sobre essas pessoas, além de um potencial gargalo no processo decisório. A capacidade de resposta da empresa pode ficar comprometida, pois a tomada de decisões tende a se tornar lenta e burocrática.

Além disso, pode afetar a motivação e o engajamento dos colaboradores. Os funcionários podem se sentir desvalorizados e desestimulados, pois suas contribuições e ideias são por vezes ignoradas ou subvalorizadas, o que resultaria em falta de criatividade e inovação na empresa, uma vez que novas perspectivas e abordagens são bloqueadas pelo controle centralizado.

---

69. https://exame.com/negocios/qual-e-o-grande-desafio-a-longevidade-das-empresas-familiares-brasileiras-segundo-a-dom-cabral/

Outro ponto a ser considerado é o impacto nas relações familiares. Quando o poder é centralizado em um ou alguns membros da família, pode haver um desequilíbrio nas relações, levando a conflitos e ressentimentos. A falta de transparência e participação de outros membros no processo decisório pode minar a coesão familiar e criar divisões internas.

Apesar desses desafios, é importante destacar que a MSP tem normas de ética, responsabilidade social e cuidados pessoais, além de uma filosofia própria, na qual regras são estabelecidas para orientar suas ações. Essas normas e valores ajudam a sustentar a identidade da MSP e a guiar suas práticas empresariais. Ao implementar sistemas de governança corporativa que estabeleçam regras claras e processos formais de tomada de decisão, a dependência exclusiva em relação aos donos ou membros da família é reduzida.

No geral, a centralização em uma empresa familiar como a MSP apresenta vantagens e desafios. A dependência referente a figuras-chave pode manter a essência da empresa, mas também demanda uma transição de poder suave no futuro. Também representa um desafio, uma vez que a organização depende fortemente dessas duas personalidades, demandando uma necessidade de planejar a sucessão.

PRECISAMOS FALAR SOBRE SUCESSÃO

Passar o bastão em empresas familiares é um desafio complexo e delicado. A MSP vem lidando com essa questão há pelo menos dez anos. Há um comitê executivo composto por Marina, Mauro, Marcos e Fábio, que se reúnem constantemente para discutir o assunto. É notável a sinergia que existe entre eles, que estão sempre conectados, falando a mesma língua e compartilhando as mesmas preocupações. É uma forma de lidar com as diferentes gerações e mentes complexas dos seus pais, chefes, diretores e fundadores da empresa.

O estudo da IBGC revelou dados interessantes sobre a adoção de práticas de governança nas empresas familiares no Brasil. Uma constatação significativa é de que 73,1% das famílias têm pelo menos uma estrutura de governança familiar – entre as mais comuns, destaca-se a reunião ou assembleia familiar. Esses encontros oferecem um espaço para discussão, tomada de decisões e alinhamento de objetivos entre os membros da família.

A MSP vem há muito tempo planejando a sucessão em todas as áreas, inclusive na parte empresarial, pois há vários negócios que não devem parar se o Mauricio se ausentar por qualquer motivo. À medida que as pessoas da empresa envelhecem, Mauricio diz se sentir ultrapassado com tantas modernidades e jovens talentosos ao seu redor.

Quando o assunto da sucessão é trazido à tona, é comum que haja resistência e até mesmo choque inicial por parte dos membros da família. De acordo com o IBGC, apenas 27,6% das empresas familiares contam com um plano de sucessão para cargos-chave, e esse número é ainda menor quando se trata do presidente do conselho de administração: apenas 19,6%. Em geral, o percentual de empresas com um plano de sucessão não ultrapassa 40%, independentemente do recorte analisado.

A ideia de discutir quem assumirá as rédeas da empresa pode ser interpretada como uma ameaça ou uma abordagem prematura para o afastamento do fundador ou líder atual. O medo de conflitos familiares, as rivalidades e as disputas pelo controle também contribuem para o tabu em torno desse tema. De acordo com a pesquisa, apenas 11% das empresas familiares conseguem realizar com êxito o processo de sucessão.

Mauricio conta que inicialmente as filhas ficaram chocadas com a ideia de tratar da sucessão, mas, com o tempo, a compreensão da necessidade de definir o futuro da empresa se estabeleceu. É fundamental reconhecer a importância de discutir abertamente a sucessão nas empresas familiares. Ignorar ou adiar essa discussão pode levar a consequências negativas, como falta de preparo dos sucessores, conflitos internos ou até mesmo fragilização e descontinuidade dos negócios.

A MSP está lidando com a sucessão de forma lenta e cuidadosa há pelo menos uma década. Eles contam com o apoio de consultorias jurídicas e de negócios para auxiliar nesse processo. Para evitar conflitos e decisões equivocadas sobre o futuro da empresa, também contrataram uma equipe especializada para fornecer treinamentos e preparar a família.

É importante que os líderes e fundadores compreendam que a sucessão não se refere apenas à saída, mas ao legado que desejam deixar e à continuidade dos negócios que construíram. Muitos fundadores dedicaram décadas de trabalho árduo para construir um legado duradouro, mas nem sempre é fácil encontrar um sucessor capaz de manter a paixão, a visão e as habilidades necessárias para levar adiante o negócio. De acordo com um estudo do Banco Mundial, apenas 30% das empresas familiares conseguem chegar à terceira geração, mas somente 15% sobrevivem além desse ponto.

Um fator crucial para uma sucessão bem-sucedida é a compreensão mútua entre os herdeiros e os demais colaboradores da empresa. Os herdeiros precisam estar cientes de que não estão simplesmente herdando uma empresa, mas uma estrutura que não foi construída por eles. Isso implica estabelecer uma relação de respeito e compreensão com os colaboradores e demais membros da equipe. A sucessão não deve ser encarada como um privilégio ou uma posição garantida, mas como uma oportunidade para contribuir com o sucesso e a continuidade do negócio.

Como fundador e líder dessa empresa, Mauricio reconhece a importância de um processo sucessório bem planejado e eficaz, já que sua presença não será eterna. É por isso que ele assume a responsabilidade de garantir que a transição seja suave e sem tropeços. Aqueles que estão verdadeiramente comprometidos devem permanecer na empresa e ser devidamente preparados. Aqueles que não estão alinhados com a visão e não contribuem de forma significativa devem ser afastados. O processo sucessório visa garantir que não haja interrupções no progresso da empresa.

Embora Mauricio não queira sair, ele entende que é necessário confiar na equipe que construiu, tendo profissionais competentes e capazes que realizam seu trabalho com maestria. Mesmo quando não está presente no estúdio, ele sabe que pode contar com eles para continuar os trabalhos. Seja uma sucessão gradual com sua presença, seja uma sucessão completa nos negócios, dado o sucesso de seus produtos, ele tem a confiança de que a MSP estará em boas mãos.

Mauricio vai ao escritório todos os dias, exceto quando está viajando. Essa rotina demonstra seu compromisso contínuo com o negócio e sua dedicação em garantir que tudo esteja funcionando corretamente.

TRADICIONAL, MAS CONTEMPORÂNEO

A modernização sempre foi uma parte essencial da MSP. Ao longo dos anos, a empresa buscou constantemente atualizar seus métodos e práticas para acompanhar as demandas em constante evolução do mercado. Mas essa modernização não se refere a apenas adotar tecnologias avançadas ou seguir tendências passageiras. É um equilíbrio entre tradição e contemporaneidade que permite que a MSP mantenha sua identidade e, ao mesmo tempo, se adapte às mudanças.

Cada um de seus filhos traz suas próprias perspectivas e contribuições valiosas para a empresa. Mauricio confessa que, ocasionalmente, suas avaliações podem não estar em total acordo com as deles, mas reconhece que em muitos casos eles estão certos. Às vezes, é preciso abaixar a cabeça e respeitar suas sugestões, que são mais modernas e atuais. Essa dinâmica entre as gerações é fundamental para o progresso da MSP. Com o passar do tempo, seus bisnetos estarão dando palpites mais adequados, e Mauricio admite que deve aceitar e incentivar essa postura.

Com o ingresso das gerações mais jovens na empresa, a MSP trouxe uma nova energia e perspectiva para o negócio. Essas gerações estão imersas nas últimas inovações tecnológicas e têm um conhecimento profundo dos novos canais de distribuição e das formas de comunicação com o mercado. Por meio da colaboração entre as diferentes gerações, encontram novas oportunidades para expandir os produtos e alcançar um público mais amplo.

Um exemplo disso é o papel do seu neto Marcos, que está à frente do comercial e da área digital da empresa. Ele liderou o projeto de games, que foi um marco importante na criação de uma nova linguagem e no alcance de novos leitores. Além disso, cresceu em um ambiente familiar imerso no negócio e aprendeu diretamente com Mauricio. Essa transferência de conhecimento e experiência foi fundamental para capacitá-lo a trazer suas próprias contribuições e inovações para a empresa.

A modernização também se estende à gestão de pessoas. À medida que a empresa familiar cresce, é importante adotar práticas de liderança flexíveis e modernas, além de investir no desenvolvimento profissional dos colaboradores. Mauricio reconhece a importância de atrair pessoas talentosas e inteligentes para complementar a equipe, capacitando-as para contribuir com suas habilidades específicas.

É verdade que administrar uma empresa familiar com os filhos ao redor pode ser desafiador, mas também é incrivelmente enriquecedor. Eles o mantêm atualizado sobre costumes e tendências contemporâneas, permitindo que Mauricio entenda o que está acontecendo no mundo e compartilhe essas informações com os roteiristas. O diálogo constante entre as gerações permite adaptar histórias e personagens às demandas do público atual.

A pesquisa Global de Empresas Familiares 2021, realizada pela PWC,[70] revelou que muitas empresas familiares brasileiras ainda têm um progresso lento na transformação digital. Dos 282 tomadores de decisão entrevistados, apenas 28% acreditam ter fortes recursos digitais, enquanto 32% afirmam que eles não são prioridade.

Acima de tudo, a modernização não significa abandonar a identidade familiar e os valores. Pelo contrário, Mauricio enxerga essa medida como

---

70. https://www.pwc.com.br/pt/estudos/setores-atividade/empresas-familiares/2021/pesquisa-global-de-empresas-familiares-2021.html

uma oportunidade de fortalecer a empresa, preservar a essência e adaptá-la estrategicamente às mudanças externas. A MSP é uma organização familiar, mas também uma organização contemporânea. Ou seja, a empresa procura equilibrar tradição e inovação, incorporar a expertise das gerações mais jovens e aproveitar as oportunidades que a contemporaneidade oferece. Essa combinação tem sido um dos segredos do seu sucesso.

FAMÍLIA UNIDA PERMANECE UNIDA

O desapego é um aspecto fundamental que um dono de empresa familiar deve cultivar ao aplicar práticas de governança. Muitas vezes, o fundador ou líder da empresa pode sentir uma conexão profunda e emocional com o negócio, visto que ele foi construído com esforço, dedicação e paixão.

No entanto, é necessário compreender que o crescimento e a sustentabilidade da empresa podem exigir a adoção de medidas que vão além dos interesses pessoais do dono. O desapego envolve reconhecer que a empresa familiar é um organismo em constante evolução e que a diversidade de ideias e perspectivas pode impulsionar seu crescimento. É necessário estar aberto a ouvir opiniões diferentes, aceitar críticas construtivas e considerar o que é melhor para o futuro da empresa, mesmo que isso signifique renunciar a certos aspectos do controle aos quais o dono possa estar acostumado.

É como qualquer dinâmica familiar. Manter a união nem sempre é uma tarefa fácil. Há situações em que precisamos fazer escolhas difíceis, abrindo mão de nossos próprios desejos ou interesses individuais em prol do bem--estar coletivo. Para Mauricio, tudo isso vale a pena, pois a família é um pilar essencial em sua vida e na empresa. Na verdade, ele não vê a família como um desafio, mas uma necessidade vital.

Por isso, devemos transmitir aos membros da família a importância da união e a necessidade de pensar em coletivo, mesmo que isso possa representar o risco de desestruturar algo que levou tanto tempo para ser construído. É natural que ocorram rupturas aqui e ali – afinal, a natureza humana mostra que isso acontece em praticamente todas as famílias.

Hoje, além de um artista renomado, ele é pai, avô e bisavô. Mauricio diz que é uma experiência maravilhosa, principalmente à medida que novos membros da família vão nascendo. Por exemplo, ele conta todo orgulhoso que seu neto Martin, filho de Marina, desenha tão bem quanto ele e, se um dia precisarem de um ilustrador para seus personagens, seu neto já está no caminho, mesmo com apenas 2 anos, fazendo rabiscos e bolinhas. Com o passar do tempo, Mauricio percebe que o papel de avô se torna mais fácil: é uma experiência na qual ele pode simplesmente se divertir e mimar os netos sem grandes preocupações.

Ele diz que é gratificante ter a família acompanhando seu trabalho e nutrindo admiração, mas o mais importante é que ela esteja unida, trabalhando em conjunto e com os mesmos objetivos. Isso, de certa forma, garante a parte física e financeira. Ele quer que a família esteja sempre junta, não apenas física, mas também filosoficamente.

Fica evidente sua preocupação com os rumos que a empresa e a família seguirão após sua saída, o que é uma inquietação muito positiva, visto que a administração da empresa está nas mãos de seus filhos e sua esposa. Não é possível separar um grupo do outro, pois todos estão conectados pelos mesmos objetivos.

Apesar de ser conhecido como *workaholic*, Mauricio sempre se esforçou para estar verdadeiramente presente na vida de seus filhos. Como pai, procurou transmitir a eles o amor, o respeito e os valores que aprendeu ao longo de sua jornada. A experiência de ser genitor de dez filhos foi um presente precioso em sua vida. Cada um deles trouxe alegria, aprendizado e amor incondicional.

É como Mauricio costuma dizer: "Melhor do que ser pai, é ter os filhos por perto". Mesmo que não tenham o hábito de se reunir com frequência, o tempo de qualidade é o objetivo principal da família Sousa, e a união familiar é fundamental para a continuidade do legado que construíram juntos.

Conclusões Nada Precipitadas

É engraçado como, às vezes, Mauricio se sente como um personagem de uma história em meio a tudo isso que construiu. "Parece que não sou eu", brinca. Afinal, as atividades, as responsabilidades e os reconhecimentos que ele tem são tantos, que é difícil até mesmo lembrar por onde começou. É como se um turbilhão constante de inovação, criação e reinvenção tivesse se tornado uma rotina, um estilo de vida, um hábito difícil de mudar.

Ao olhar para trás e relembrar o dia em que começou a explorar seu talento artístico em um pequeno quarto de sua casa, parece que, em um passe de mágica, seus desenhos ganharam vida própria: tornaram-se produtos comerciais extremamente rentáveis, resultando em um dos maiores estúdios de animação do mundo, dominando cerca de 89% do mercado brasileiro. Mas cada novo produto, cada nova história é um caminho pavimentado com longas horas de trabalho árduo.

Logo no início do processo, encontrou resistência por parte das pessoas para as quais queria vender a história. Elas o questionavam: "Você vai continuar fazendo isso? Vai conseguir manter a produção? Vai manter a qualidade? E o preço?". Essas eram algumas das preocupações que surgiam, e ele respondia com confiança: "Sim, vou manter". Acreditar em si mesmo e ter a convicção de que era capaz foi fundamental nessas horas. Mauricio tinha plena consciência do que estava fazendo e sabia que conseguiria escrever, desenhar e trabalhar dia e noite se necessário, para atender à demanda.

É verdade que nem sempre as coisas saíram como planejado, mas ele acreditou que suas histórias poderiam tocar o coração das pessoas e fazer a diferença, e foi isso que o impulsionou a seguir em frente. Existia um propósito maior por trás de tudo, uma missão de fazer a diferença e construir um futuro melhor, e é esse o grande pilar que sustenta um negócio.

Mauricio já é um senhor, com uma trajetória de evolução ao longo dos anos. Pensando nas pessoas que estão chegando, nas próximas gerações que tocarão esse negócio, o que ele quer deixar como legado vai além dos gibis, do teatro, dos filmes e de todas as mídias em que sua arte está presente. Tem a ver com criar um ambiente de trabalho em que as pessoas sintam que querem fazer parte, em que possam interagir de uma forma especial. Esse legado refere-se ao espírito que é transmitido tanto para os colaboradores quanto para o público; diz respeito a criar um lugar onde as pessoas se sintam seguras, inspiradas e motivadas.

Embora a MSP seja uma empresa consolidada e com inúmeras conquistas, ela não se acomoda. Está sempre em busca de desbravar novas fronteiras. Aprendeu a valorizar não apenas os aspectos comerciais, mas também a conexão emocional que pode estabelecer com o público, entendendo a importância de respeitar suas raízes emocionais, ao mesmo tempo que busca inovação e crescimento.

É incrível como algo que nos parece tão abstrato, como uma filosofia, pode ter consequências concretas e um impacto tão profundo em um negócio e nas pessoas que o compõem. Essa filosofia é algo que todos agarram com fervor. Não é algo que possa ser explicado simplesmente com uma descrição, mas precisa ser sentido, vivido. É o que a MSP acredita ser o melhor para o mundo, sem aquela ganância desenfreada de só pensar em lucro.

Tornar-se relevante nos dias de hoje é um desafio cada vez maior. Com tantas ofertas de conteúdo disponíveis, é necessário criar algo que vá além da superficialidade e toque profundamente as pessoas. É preciso oferecer algo que converse com suas inseguranças, aspirações, e que as guie. Em meio a essa vasta quantidade de opções, encontrar o que que seja verdadeiramente significativo e que sirva de amparo é um tesouro valioso.

A Turma da Mônica tem conquistado essa relevância de uma maneira especial. Ela tem uma credibilidade única: as pessoas se reconhecem nos personagens e nas histórias. A conexão emocional estabelecida com o público é uma das principais razões para isso. Quando Mauricio criou seus personagens, ele não apenas deu vida a eles, mas também criou uma filosofia de mundo. E é essa filosofia que as pessoas compram, com a qual se conectam e se identificam. Elas enxergam mais do que apenas uma história em quadrinhos ou um produto licenciado, mas uma visão de mundo, uma forma de encarar a vida. Ela é o coração pulsante que faz Mauricio e toda a sua equipe se levantarem de manhã com entusiasmo e dedicação.

Trabalhar na MSP não tem relação apenas com ganhar dinheiro. Há uma visão maior em mente: obter recursos para reinvestir e fortalecer cada vez mais o universo do Mauricio. A equipe quer torná-lo mais próximo e mais encantador, para ser possível expandir esse propósito cada vez mais.

A MSP nunca dependeu de órgãos públicos: sempre caminhou por conta própria. Mauricio diz que o dinheiro não vem antes da confiança do mercado; ao entender isso desde o início, dedicou-se a investir primeiramente na empresa. Afinal, vender um produto no qual acreditamos é muito mais fácil. Houve momentos em que os resultados demoraram a chegar, em que ele precisou lidar com adversidades inesperadas. Mas Mauricio aprendeu que o empreendedorismo é uma jornada e que os frutos mais significativos requerem tempo e dedicação. Cada obstáculo é uma oportunidade de aprendizado, e cada dia é uma nova chance de impactar positivamente a vida das pessoas.

É difícil separar o Mauricio artista do Mauricio empreendedor, pois são a mesma pessoa. A arte e o empreendedorismo são duas faces que se complementam. Quando uma ideia precisa ganhar forma e expressão ou um problema demanda uma solução criativa, é o artista que entra em cena. Por outro lado, o empreendedor também deve ter habilidades para identificar oportunidades onde ninguém está olhando. Sua trajetória, desde os tempos da redação e dos sindicatos, lidando com diferentes estilos e contratos com desenhistas de todo o mundo, lhe proporcionou um conhecimento valioso, mesmo nunca tendo se formado em administração.

Para Mauricio, o perfil empreendedor e o perfil artístico não caminham apenas lado a lado, mas o espírito empreendedor deve estar presente desde o início, preocupado com o que faremos com a obra. Ele conta que teve a sorte de ter uma bagagem de leitura de gibis desde a infância, o que lhe permitiu conhecer diversos personagens, estilos e traços dos principais desenhistas do mundo. Quando começou a pensar em criar suas próprias histórias em quadrinhos, surgiu uma dúvida: como registrar, proteger o que estava criando e evitar a pirataria? E a sorte sorriu para ele quando teve a oportunidade de trabalhar em um jornal e aprender sobre a burocracia e os processos que envolviam esse universo.

Esse foi um momento crucial para entender a importância do lado empreendedor da criação artística. Mauricio percebeu que era fundamental proteger personagens, histórias e ideias, para que pudessem ser valorizados e aproveitados de maneira adequada. Aprendeu a identificar oportunidades dentro da realidade brasileira, percebeu lacunas no mercado e foi capaz de preenchê-las com sua criatividade e visão empreendedora. Copiar, adaptar e inovar foram passos importantes nessa jornada.

Em 2014, um dos impasses que Mauricio passou a enfrentar enquanto empresário da MSP foi o Custo Brasil e a dificuldade de exportação de personagens, revistas e mais de 2 mil produtos licenciados da MSP. O Custo Brasil é um indicador usado para produzir ou vender, levando em consideração as despesas, a produtividade e a eficiência no território nacional. De modo geral, o Custo Brasil está atrelado ao custo de vida no Brasil; sendo assim, acompanha as oscilações e o encarecimento na produção e execução de atividades econômicas. Suas principais influências são: tributações, impostos, taxas, custo de produção, distribuição, transporte, burocracia e riscos jurídicos. A MSP recebe diversas propostas para exportar seus produtos internacionalmente, mas não pode atendê-las, por conta da burocracia e dos valores de taxas e impostos no processo de exportação. Mauricio evita ao máximo a possibilidade de fabricar no exterior e exportar para o Brasil e para outros países – o que sairia mais barato, mas empobreceria a fabricação e toda a cadeia de produção brasileira. Apesar do orgulho das raízes brasileiras e de valorizar a produção nacional, as burocracias e os custos dificultam o processo. Esses impasses e decisões são recorrentes e causam frustrações para muitos empreendedores brasileiros, que deixam muitas vezes de criar produtos ou de ampliar seu público por conta de taxas.

Não se trata apenas de criar e desenhar, mas de gerir uma marca, proteger direitos autorais, expandir para novos mercados e estar atento às mudanças do mundo ao seu redor. O segredo da longevidade da Turma da Mônica está em equilibrar a essência dos personagens e das histórias com as demandas e sensibilidades da atualidade. A MSP continua a encantar crianças e adultos, oferecendo conteúdo que seja relevante, divertido e seguro. Ela ouve o feedback dos fãs, aprende com eles e busca sempre evoluir, mantendo a conexão emocional estabelecida ao longo de sua existência.

Durante esses quase 60 anos, foi fundamental administrar e ajustar a estrutura de acordo com as necessidades e possibilidades que surgiram. Por outro lado, Mauricio acredita que não podemos fazer desvios bruscos no estilo, na abordagem ou na proposta que deu certo desde o começo. É uma questão de administrar uma estrutura que teve um início bem definido e garantir que ela seja ajustada de acordo com as demandas e as possibilidades.

Em 2023, a MSP enfrenta as consequências de uma crise no mercado editorial, e Mauricio torce para que ela passe e as pessoas consigam se adaptar a esse momento crítico também. No entanto, mesmo com tudo isso, os números não caíram substancialmente a ponto de assustá-lo ou deixá-lo preocupado. Ainda há um bom mercado, e isso depende do produto e da maneira como estão colocando o material na praça.

Essa bagagem cultural e essa vivência lhe permitem lidar facilmente com os desafios que surgem no trabalho. Não é apenas uma questão de administração, mas de aplicar seus conhecimentos à solução dos problemas que possam surgir. Sua experiência tem sido essencial para enfrentar essas situações. Agora, ele compartilha todo esse conhecimento com a equipe. A MSP está aproveitando essas habilidades de forma produtiva, e os resultados têm sido muito positivos, mesmo diante das crises que o país e o mundo enfrentam.

Conciliar seu lado artista com o empresarial pode ser desafiador, mas é uma combinação que o motiva e o impulsiona a buscar soluções criativas. Mauricio gosta de inventar, de criar. Se houver oportunidade de reinventar o futuro, ele vai fazer isso. Cada dia que se vive merece que se explore um pouquinho mais da criatividade, que se crie para os leitores.

Pergunto se Mauricio se considera um empresário de sucesso, e ele responde: "Absolutamente não. Eu não sou um empresário de sucesso. Eu tenho sucesso. É diferente". Olhando para sua trajetória e os resultados alcançados, ele acredita que a sorte desempenhou um papel significativo em sua jornada, mas não pode atribuir todo o seu sucesso a ela, pois foi necessário mais do que isso para chegar aonde está hoje.

Encontrar um lugar ao sol no mundo empreendedor é uma tarefa desafiadora, e poucos são aqueles que realmente se destacam. Mas Mauricio acredita que qualquer pessoa que tenha um mínimo de conhecimento e esteja disposta a se planejar e executar pode obter êxito, já que ser um "empresário de sucesso" requer mais do que apenas sorte e habilidade para aproveitar oportunidades. É necessário planejamento estratégico, execução eficiente e conhecimento sólido do mercado e das necessidades dos clientes – algo que qualquer um que esteja disposto a aprender é capaz de executar.

A jornada de empreender é um constante aprendizado, e Mauricio continua aprendendo todos os dias. A cada novo passo dado, uma nova etapa se inicia, e é isso que o mantém motivado. Ainda há muito para ser feito, muitas ideias a serem exploradas, e ele, aos 87 anos, diz estar disposto a enfrentar os desafios que surgirem. Afinal, como ele costuma dizer: "Ninguém envelhece; fica experiente em vida".

Então, mesmo diante de números grandiosos e conquistas expressivas, Mauricio ainda é o garoto de Mogi das Cruzes, com o mesmo entusiasmo e paixão por contar histórias e criar personagens – só que agora com um pouco mais de conhecimento. É uma jornada incrível e desafiadora, mas ele ainda tem fôlego de sobra para pedalar nessa bicicleta do empreendedorismo, explorando novos horizontes e levando seu propósito mundo afora.

Novos horizontes, como o projeto Graphic MSP, que foi sugerido a Mauricio pelo editor Sidney Gusman e, desde outubro de 2012, oferece aos leitores releituras dos personagens de Mauricio, feitas por autores do mercado independente e visando o público jovem adulto. Mauricio abraçou a ideia. E, novamente, acertou.

Em 2023, as Graphics MSP ultrapassaram 1 milhão de exemplares vendidos. Além do fato que geraram duas adaptações para cinema (Laços e Lições) e duas adaptações para séries: Astronauta, em animação, e Jeremias, em live action. E também conseguiu para a MSP um Jabuti, prêmio literário mais tradicional do Brasil, na categoria História em Quadrinhos, com Jeremias - Pele, de Rafael Calça e Jefferson Costa, em 2019.

Quanto ao seu legado, como desenhista e empresário, Mauricio confessa que é difícil dizer ao certo, mas quer ser reconhecido como alguém que foi criativo, que trouxe inovação para o mercado, por meio de seus desenhos, de suas criações ou de estratégias empresariais. Ele acredita firmemente que cada um de nós tem a capacidade de perseguir e alcançar os sonhos com determinação e que, ao realizá-los, é possível encontrar o equilíbrio entre o sucesso financeiro e a satisfação pessoal, sabendo que ambos podem coexistir harmoniosamente.

Mauricio defende a ideia de um empreendedorismo responsável, no qual as pessoas vejam nele um exemplo de como é possível alcançar o sucesso sem comprometer os princípios e valores. É preciso ter em mente que o sucesso não é apenas medido pelos números, mas pela contribuição que fazemos para o mundo e pelas vidas que impactamos positivamente.

Sobre os Autores

RENATA STURM

É sócia e editora executiva na Maquinaria Sankto. Formada em jornalismo, atuou como gerente editorial na HarperCollins, Harlequin, Ediouro Livros e na aquisição de obras na Thomas Nelson Brasil. Ao longo da carreira, editou autores como Agatha Christie, Antoine de Saint-Exupéry, além de best-sellers brasileiros, como Augusto Cury e Thiago Nigro.

GUTHER FAGGION

Jornalista, especialista em marketing e autor, Guther Faggion é também designer autodidata e tem vasta experiência no mercado editorial, tendo contribuído com projetos gráficos para diversas editoras renomadas. É o fundador e diretor executivo da Maquinaria Sankto.

Mauricio de Sousa em Números

DADOS ATUALIZADOS:

400 personagens

Mais de 250 colaboradores

É um dos **maiores estúdios de produção de quadrinhos do planeta**

A MSP vende mais que **2,5 milhões de livros por ano**

A MSP domina o mercado de quadrinhos no Brasil, vendendo, apenas em 2022, **12 milhões de revistas**

PRODUTOS LICENCIADOS:

Hoje, a MSP tem **200 empresas licenciadas** produzindo mais de 4 mil produtos.

Maçãs da Turma da Mônica: **produção de 1,7 mil toneladas** e **venda de 850 mil pacotes por mês**.

19 milhões de unidades do macarrão instantâneo da Turma da Mônica vendidos a cada mês.

Mônica Toy: os números de visualizações em todo o mundo acumulam mais de **4,5 bilhões**.

O canal da Turma da Mônica no YouTube tem **21 milhões de inscritos**, com **19 bilhões de visualizações**.

+1.8M Facebook
+1.1M Instagram
+269K Twitter
+30K LinkedIn

UMA LINHA E MUITOS TEMPOS

1949 | Aos 14 anos, ilustrava informes publicitários

1954 | Aos 19 anos, foi rejeitado como ilustrador na *Folha da Manhã*

Mario Cartaxo, jornalista, o aconselha a trabalhar no jornal como copidesque enquanto aprimora seus desenhos

1959 | Ganha a primeira oportunidade de publicar uma tira na *Folha da Tarde*. Primeiros protagonistas: Franjinha e Bidu, o dono e um coadjuvante. Sequência com: Horácio, Piteco, Titi, Jeremias e Manezinho. Posteriormente, Horácio e Piteco.

1960 | "Nasce" o Cebolinha

1963 | "Nasce" a Mônica, inspirada em sua filha

1967 | Primeiro licenciamento: com a empresa Duplex, para produção de artigos de itens decorativos para festas

1969 | Cica (marca de extrato de tomate) assina um dos contratos de licenciamento mais antigos ainda em vigência em todo o mundo

1970 | Primeiro gibi com 200 mil exemplares (recorde de impressão para um personagem nacional)

1970-1980 | Gibis começam a ser traduzidos e chegam a mais de 100 idiomas

MAURICIO DE SOUSA EM NÚMEROS

1982	Primeiro longa-metragem, *As aventuras da Turma da Mônica*
1984	Lançamento do longa-metragem, *A princesa e o robô*
1987	Auge da Turma da Mônica, que vendia 3 milhões de revista por mês
1993	Abertura do Parque da Turma da Mônica no shopping Eldorado, em São Paulo
1996	Lançamento do site da Turma da Mônica
2008	Lançamento da Turma da Mônica Jovem (diversificação do público)
2009	Releitura dos personagens por grandes quadrinistas
2012	Lançamento do selo Graphic MSP (nova diversificação do público). Em 2023, as Graphics MSP ultrapassaram 1 milhão de exemplares vendidos
2013	Lançamento do canal *Mônica Toy* no YouTube
2016	Projeto #DonasdaRua, para trazer visibilidade às mulheres notáveis do Brasil e do mundo
2019	Estreia do filme *Turma da Mônica: Laços*
2023	60 anos da Mônica; Sansão Gigante vira atração na Avenida Paulista

Este livro foi composto em 2023 por Maquinaria Editorial
nas famílias tipográficas FreightText Pro, ArcherPro
e Canvas Script. Impresso na gráfica PifferPrint.